Werner F. Pritz · Bernhard Mitterauer

PERSPEKTIVEN SEELISCHEN BEFINDENS

WERNER F. PRITZ
UND
BERNHARD MITTERAUER

PERSPEKTIVEN SEELISCHEN BEFINDENS

Eine nervenärztliche Standortbestimmung

HERAUSGEGEBEN VON DER
ÖSTERREICHISCHEN ARBEITSGEMEINSCHAFT FÜR
VOLKSGESUNDHEIT
LANDESGRUPPE SALZBURG

VERLAG CHRISTIAN BRANDSTÄTTER · WIEN–MÜNCHEN

1. Auflage

Schutzumschlag: Christian Brandstätter
Lektor: Christine Wessely
Technischer Betreuer: Franz Hanns
Schrift: Garamond, 10 auf 11 Punkt
Filmsatz und Offsetdruck: Ferdinand Berger & Söhne Gesellschaft m.b.H., 3580 Horn
ISBN 3-85447-089-4

INHALTSVERZEICHNIS

VORWORT

Betrachten Sie die folgenden Vorbemerkungen bitte als einen Versuch unsererseits, etwaigen Mißverständnissen vorzubeugen und größtmögliche Offenheit zwischen Ihnen als Leser und uns als Informationsquelle zu schaffen. Die Bemerkungen treffen für alle vier ausgewählten Themenkreise mit unwesentlichen Nuancierungen zu. Da die einzelnen Abhandlungen selbst in gewisser Hinsicht Vorworts- bzw. Einführungscharakter haben, sind hier nur allgemeine Gesichtspunkte angeführt, soweit sie nicht zum eigentlichen Thema des Buches gehören.

(1)

Unsere Überlegungen beruhen gleichermaßen auf einer langjährigen Tätigkeit im Rahmen der verschiedenen psychiatrischen Teilgebiete wie auch auf einem intensiven Literaturstudium über einen Zeitraum von mehr als zehn Jahren. Unsere langjährige praktische Erfahrung erstreckt sich von fachärztlichen Aufgaben im Bereich der psychiatrischen Klinik, der psychiatrischen Nachbetreuung, der Alkohol- und Drogenproblematik, der psychiatrischen Krisenintervention und der Konsultationspsychiatrie für allgemeine Krankenanstalten und niedergelassene Ärzte bis zu entsprechenden Aufgabenstellungen in der Familienberatung, in der Beratung von Jugend-, Sozial- und Gesundheitsämtern bei Anpassungs- und Einpassungsschwierigkeiten und in der Konfrontation mit antisozialem Verhalten wie Kriminalität oder auch einfach „störendem" Verhalten wie Nichtseßhaftigkeit. Das breite Spektrum von Problemen, mit denen wir in den angeführten Bereichen täglich konfrontiert werden, wurde ergänzt durch ein Studium psychiatrischer Erkrankungen im Lande Salzburg in den letzten

hundert Jahren, das sich nicht nur auf die Patienten selbst bezog, sondern – soweit verfügbar – auch familiengeschichtliche Daten miteinbezog.
Diese Erfahrungen führten uns (übrigens einem Trend in der jüngsten Literatur entsprechend) zu der Überzeugung, daß die psychischen Krankheitsbilder, mit denen der Nervenarzt konfrontiert wird, nur die Spitze eines Eisberges darstellen und daß, so schmerzlich es für unser aller Ohren klingen mag, die interessanteren sozial- und gesundheitspolitischen Blickwinkel diesseits der Grenze zu denjenigen Menschen liegen, die in ihrem Leben gezwungen sind, fachliche Hilfe zu suchen. Wie Sie der Arbeit zum Thema Stimmungsschwankung genauer entnehmen können, stellt sich tatsächlich die Frage, ob nicht jeder Mensch in seinem Leben ein oder mehrmals früher oder später unter den verschiedensten Problembildern im weitesten Sinne des Wortes krankheitswertige Perioden durchschreitet. Gleichzeitig sind wir der Überzeugung, daß es, vielleicht abgesehen von schwersten hirnorganischen Störungen, keine chronisch psychiatrischen Erkrankungen im eigentlichen Sinne gibt. Es kann daher mit Sicherheit auch keinen durch und durch abnormalen oder psychiatrisch kranken Menschen geben. Es ist zu fordern, daß man *uneinfühlbare oder offenkundig abnormale Verhaltensweisen eines Menschen auf dem Hintergrund seiner spezifischen individuellen Normalität beurteilt und nicht seine Normalität aus dem Blickwinkel einmal gelebter, periodisch wiederkehrender oder regelmäßiger abnormer Verhaltensweisen.*
Dies heißt nicht, daß wir die Parole verkünden: Jedem Menschen sein Nervenarzt! oder gar insgeheim die Diktatur der Psychiatrie wünschen, geschweige denn anstreben; dies heißt nur, daß jeder Versuch, das Problem psychischer Störanfälligkeit und seelischer Verletzlichkeit auf eine mehr oder weniger große Minderheit von Mitmenschen abzuwälzen, in die Irre geht und zu falschen sozial- und psychohygienischen Vorstellungen führt. Die Tötung von Geisteskranken durch das Hitlerregime war nicht nur ein Akt fehlenden Mitleids und eines Allmachtswahns, es war auch der letzte Schritt auf dem gedanklichen Irrweg, daß jeweils nur eine Gruppe von Menschen einer bestimmten Gesellschaft störanfällig wäre. Bezeichnenderweise wurde dieser Schritt von Menschen getan und gebilligt, die durch ihre eigene Neigung zu wahnhafter Weltsicht von der Geschichte als schwerst gestört entlarvt wurden. Jede tiefschürfende Weltgeschichte müßte ja wohl als Geschichte

von Wahnideen im Widerstreit mit den natürlichen Menschenrechten, mit der Fülle menschlicher Sehnsucht, mit der Demut mitmenschlicher Verantwortlichkeit und mit den Grenzsetzungen der Natur geschrieben werden. Einen besseren Beweis für die allgemeine Störanfälligkeit des Menschen kann man sich schwerlich denken. Jeder von uns muß in seinem Leben damit rechnen, daß er von Krebs, einem Gefäßleiden usw. dahingerafft oder von einer sonstigen Erkrankung schwer betroffen werden kann. Warum sollte die Störanfälligkeit unseres Gehirns, das unendlich komplexer und komplizierter ist als alle anderen Organsysteme, geringer sein, als etwa die der Niere? Warum sollte diese Störanfälligkeit im seelischen Bereich den Werten menschlicher Sehnsucht, menschlichen Mühens, menschlicher Schöpferkraft, menschlichen Leidens und menschlicher Liebe einen Abbruch tun?
Diese Betonung des allgemeinen Risikos menschlicher Anfälligkeit für Störungen aller Art verschließt uns jedoch nicht die Augen vor der Tatsache, daß der eine Mensch leichter und der andere schwerer lebt; sie verschließt auch nicht unsere Augen vor der Tatsache, daß nicht jeder psychischen Abnormität mit Medikamenten oder psychiatrischen Interventionen beizukommen ist, sondern daß eine Vielfalt sozialer Sicherungsmechanismen, Grenzsetzungen und Hilfestellungen notwendig ist. Diese Aussage zielt auch nicht dahin, die Existenz eines freien Willens in Frage zu stellen. Abgesehen davon, ob diese Frage überhaupt jemals wissenschaftlich beurteilbar sein wird, kann man vielleicht eines festhalten: Wo viel freier Wille zu sein scheint, ist oft wenig Platz für wahre Freiheit, andererseits aber wird Freiheit manchmal dort zu suchen sein, wo man sie am wenigsten vermutet.

(2)

Der sogenannte Laie mag vielleicht annehmen, daß es sich im Bereich der Psychiatrie und Psychologie – beide als selbständige Fächer nicht wesentlich älter als hundert Jahre – um geschlossene, einheitliche Disziplinen handelt. Wie G. Pask (1978) feststellt, ist die „Hauptstrom“-Psychologie durchaus keine Psychologie im eigentlichen Sinne, sondern eine Mischung verschiedener Schulen der Psychologie, die den Gegenstand ihrer Forschung, nämlich menschliches seelisches Verhalten, mit sehr beschränkten Denkansätzen untersuchen und darüber hinaus noch sehr häufig die

existenzielle Vielfalt dieses Subjekts willkürlich einengen. (Behavioristische Ansätze, psychoanalytische Schulen, Erklärungsversuche über künstliche Intelligenz usw.)
Akiskal und M. C. Kinney (1973) behaupten auch von der Psychiatrie, daß in ihr monolithisch-separatistische Haltungen dominieren und daß sie in viele, eigene Interessen verfolgende Parteien von Pseudopsychiatrie gespalten ist, die untereinander nicht in der Lage sind, zu kommunizieren (biologisch-orientierte Psychiatrie, Pawlow-Anhänger, Skinner-Anhänger, Orthodoxe Freudianer, Jungianer, Adlerianer, Sullivanianer, Transaktionalisten, Rogerianer, Existentialisten, Gestalttherapeuten und eine Unmenge anderer Schulen mehr).
So sehr diese bitteren Urteile allerdings der Wirklichkeit entsprechen mögen, so muß man auch klar erkennen, wo die Gründe für dieses Ausmaß an innerer Zerrissenheit in den erwähnten Fächern liegt. Der erste und verständlichste Grund ist in der Tatsache zu suchen, daß beide Fächer keine Spezialisierung im eigentlichen Sinne des Wortes zulassen. Damit finden sich viele Studenten des menschlichen Seelenlebens rasch an der Grenze ihrer intellektuellen Aufnahmefähigkeit wieder. Die Vielfalt der legitimen Blickwinkel (molekularbiologische, neurophysiologische, epistemologische, entwicklungsgeschichtliche, evolutive, systemtheoretische, allgemein handlungslogische usw.) gemeinsam mit der Vielfalt der Phänomene von der Träne (aus Zorn, aus Trauer, aus Rührseligkeit, aus Freude, aus Schmerz, aus Mitleid) bis zu den kompliziertesten Bewußtmachungsprozessen sollte uns allerdings alle in wissenschaftlicher Demut und im Wissen um unsere Beschränktheit vorfinden.
Ein anderer Grund für die Vielfalt verschiedener psychiatrischer und psychologischer Schulen ist wohl darin zu suchen, daß der Mensch offenbar nur wahrnehmen kann, was er seelisch auch bewältigen kann (Weston und von Foerster, 1974). Alles Wissen der Psychologie und Psychiatrie ist unmittelbares Wissen von uns selbst, und nicht jeder vermag das volle Wissen zu ertragen. Es hat seinen guten Grund, warum die verschiedensten Weltanschauungen immer wieder versuchen, diesen Fächern vorzuschreiben, was sein soll, was sein darf und was nicht sein kann.
Weston und von Foerster (1974) weisen darauf hin, daß ein großes Problem entsteht, wenn man verschiedene Aspekte des Seelenlebens wie Wahrnehmung, Gedächtnis, Lernen etc. von den globalen Phänomenen wie lebendige Handlung schlechthin trennt. In

diesem Falle gerät man in die Gefahr, das ursprüngliche Phänomen aus dem Auge zu verlieren, und man geht dann in die Falle, die glauben macht, daß die konzeptuelle Isolierung verschiedener Aspekte eines Phänomens es uns gestattet, diese Aspekte so zu behandeln, als ob sie unabhängige Funktionen wären. Unser Fach kommt ohne permanentes Bemühen um Syntheseprinzipien, die auf die gesamte Logik menschlichen Handelns gerichtet sind, nicht aus. Wie Royce (1975) betont, benötigen wir einen theoriebeladenen Konstruktivismus, um überhaupt Theorie betreiben zu können. Dies nicht zuletzt auch deshalb, weil die Psychologie immer viele Methoden, viele epistemische Ansätze, viele Weltanschauungen, viele Paradigmen, viele Theorien und vor allem auch viele verschiedene Unterdisziplinen kennen wird.

(3)

Sollten manche unserer Äußerungen in irgendeiner Richtung einseitig klingen, so sind diese Einseitigkeiten meist scheinbar und nicht gewollt. Wir bekennen uns zu einer streng psychosomatischen, oder besser formuliert, ganzheitlich organismischen Weltsicht. Seitdem die psychosomatische Medizin aufgehört hat, eine bestimmte Gruppe von Erkrankungen als ihr Eigentum zu betrachten oder „psychosomatisch“ mit „seelisch ausgelöst“ zu verwechseln, wird es immer klarer, daß die Psychiatrie und Psychologie zuerst in ihren eigenen Fachgebieten mit dieser Denkweise ernst machen müssen. Diese Denkweise beinhaltet die Überzeugung, daß jedes normale und abnormale Verhaltensphänomen in seiner Vorgeschichte, in seiner Auslösung und in seinem weiteren Verlauf gleichzeitig von einem apparativen (z. B. auf bestimmte Erbanlagen bezogenen) Blickwinkel, einem Ich-psychologischen Blickwinkel und einem soziokulturellen Blickwinkel betrachtet und überdacht werden soll (Lipowski, 1977). Alle Phänomene, denen wir begegnen, die wir beim anderen erfassen und die wir an uns selbst erleben, sind immer eine subjektiv gestaltete, letztlich unentwirrbare Mischung von Aspekten aus diesen drei Bereichen.

(4)

Um jedwede unnötige Diskussion zu vermeiden, sei freimütig zugegeben, daß wir uns zur Subjektivität unserer Gedankengänge

bekennen, um ihnen nicht fälschlicherweise den Mantel der Objektivität umzuhängen. Eisenberg (1981) faßt die Situation in der Feststellung zusammen, daß die Medizin schon ihrer bloßen Natur nach ein wertbeladenes Unterfangen darstellt. Dies heißt nicht, daß wir uns nicht redlich bemüht haben, mit verschiedenen wissenschaftlichen „Methoden" Daten zu sammeln und zu beobachten. Wie die moderne Kybernetik lehrt, gibt es keine Beobachtungen, in denen nicht der Beobachter in seiner Subjektivität wiederkehrt, und es gibt keine Beschreibungen der Welt, in die nicht die subjektive Logik des Beschreibers eingeht (von Foerster, 1972). Wie Pask (1978) nachweist, ist jede Weltsicht nicht nur relativ in dem Sinne, daß verschiedene Perspektiven erlaubt sind, sondern auch reflektiv in dem Sinne, daß jeder Beobachter seine ganz individuelle Subkombination von Perspektiven einbringt.
In diesem Sinne bitten wir Sie um Ihr Vertrauen in die Art und Weise, wie wir seelisches Verhalten beobachten und welche perspektivischen Schlußfolgerungen wir ziehen. Die derzeit „allgemeingültigen" Denkansätze in bezug auf die ausgewählten Themenbereiche haben sich nicht genug bewährt, daß sie einer Neuformulierung von alten Fragenstellungen entgegenstehen könnten. Es ist aber eine uralte Weisheit, daß neue Lösungen von Problemen nur über neue Fragestellungen erreicht werden können. In diesem Licht sind unsere Perspektiven in erster Linie als neu gestellte Fragen und nicht als voll ausgearbeitete Antworten zu sehen.

(5)

Wir bringen unsere Gedanken in dem Bewußtsein vor, daß es im Bereich der Psychologie keine wirklichen Laien gibt. Wie immer unser Wissen durch die kulturelle Einbettung und durch die persönliche Lebensgeschichte verändert sein mag, wir müssen alle von Geburt an eine ungeheure Fülle „psychologischen" Wissens in uns tragen.
Alle Menschen können praktisch von der Wiege an mitmenschliche Beziehungen bewerten, Stimmungen diagnostizieren, seelische und soziale Probleme erkennen und mehr oder weniger angemessene Lösungen dafür erarbeiten. Wir sind uns deshalb auch bewußt, daß neben den „wissenschaftlichen Psychologien" ein ungeheures Wissen in der sogenannten „Volkspsychologie" (in den Sprachen, in den Ritualen unserer Kultur sowie in den Formen von Kunst, mit denen wir konfrontiert werden) steckt. Unter

anderem auch deshalb wollen wir in unserem Buch Thesen und Hypothesen, die wir in Verantwortung erarbeitet haben, zur Diskussion stellen, ohne sagen zu können, „so ist es und nicht anders". Darum kann auch von Foerster (1973) in einer Arbeit zur Frage, wie Wirklichkeit konstruiert wird, den ethischen Imperativ aufstellen: „Handle immer so, daß Deine Wahlmöglichkeiten erhöht werden".

(6)

Wir betrachten die psychiatrischen Aufgaben im Rahmen der nervenärztlichen Tätigkeit als medizinische Disziplin ohne Wenn und Aber. Ein wesentlicher Unterschied zu den anderen Fächern der Medizin, der aber mit dieser Zuordnung nichts zu tun hat, liegt – wie gerade besprochen – darin, daß wir es in unserem Fach nicht mit Laien zu tun haben, sondern mit „fachkundigen" Mitmenschen. Darüber hinaus ist es der Psychiatrie als medizinische Disziplin unmöglich, sich nur mit Teilaspekten menschlicher Gesundheit zu befassen. Wie in keinem anderen Fach wird hier in Prävention, Diagnose und Therapie eine ganzheitlich integrative Einstellung gefordert. Es ist diese Gesamtverpflichtung und das Bekenntnis, menschliches Leid – fallweise vielleicht auch gegen den „freien" Willen des Patienten – in der effektivsten Weise lindern zu wollen, was psychiatrische Tätigkeit zu einer medizinischen Tätigkeit macht (Leigh, H., 1982). Damit wollen wir auch gleich ein klares Bekenntnis gegen alle Vorwürfe ablegen, die die Vertreter der sogenanten Antipsychiatrie aussprechen – wie recht sie in Einzelkritiken immer haben mögen.
Brodie (1983) vergleicht das Betätigungsfeld der Psychiatrie mit einem Dreieck. An einer Ecke grenzt die Psychiatrie an die nichtmedizinischen Disziplinen und ihre Vertreter, die sich mit dem seelischen Wohlbefinden befassen (Psychologen, verschiedene Psychotherapeuten, Sozialarbeiter, psychiatrische Krankenpfleger, fallweise auch Soziologen). An dieser Ecke ist zu betonen, daß die Psychiatrie eigentlich nichts mit der Aufgabe zu tun hat, einen gesunden und normalen Menschen in einen Zustand noch größeren Wohlbefindens in einem breiten Spektrum der Normalität hinaufzubewegen. Die Psychiatrie im eigentlichen Sinne stellt ja nur Therapie und Rat nach sehr eng gefaßten Kriterien medizinischer Notwendigkeit bereit. Wie Brodie weiter ausführt, ist die Psychiatrie in einer anderen Ecke mit der sogenannten biologischen Front konfrontiert. Durch die Wirksamkeit der Psycho-

pharmaka in der nervenärztlichen Problembewältigung hat diese Ecke eine besondere Bedeutung in den letzten Jahrzehnten erlangt. Die Wissensexplosion auf dem Gebiet der Hirnforschung wird hier in absehbarer Zeit gemeinsam mit dem Fortschritt auf dem Gebiet der Kybernetik zu einer schweren Herausforderung für alle Nervenärzte werden und hoffentlich neue Wege des Verstehens und Helfens eröffnen. Eine dritte Stelle verschiedenster Wechselbeziehungen ergibt sich mit der normalen Medizin, wo nervenärztliche Erkenntnisse in der Prävention, in der Diagnose und in der Beeinflussung des Verlaufs von Krankheiten in einer beratenden Liaison mit allen anderen Disziplinen stehen.

(7)

Auch wenn wir – unserem Menschenbild entsprechend – Ihnen das Risiko nicht ersparen können, daß Sie mit diesem Buch die falsche Wahl getroffen haben, so hoffen wir doch gleichzeitig, daß wir Ihr Menschenbild zu erweitern vermögen. Mit Meisenhelder (1982, S. 209) sehen wir dabei Hoffnung als „einen Weg des Antwortgebens auf die logische Unsicherheit menschlicher Subjektivität, wobei wir um des Aufbaus von mitmenschlicher Gemeinschaft willen Mißlingen riskieren".

Wir sind aus didaktischen Gründen gezwungen zu vereinfachen und vielleicht manches nur schlagwortartig zu bringen. Sollten dabei einige unserer Aussagen wie Binsenwahrheiten oder Gemeinplätze klingen, so sind wir uns der Warnung Heinz von Foersters (1971, S. 192) durchaus bewußt: „Binsenwahrheiten und Gemeinplätze haben den Nachteil, daß sie, indem sie unseren Verstand und unsere Sinne abstumpfen, die Wahrheit verfinstern".

W. Pritz und B. Mitterauer

LITERATUR

AKISKAL, H. S. und McKINNEY Jr., W. T. (1973): Psychiatry and Pseudopsychiatry. Arch. Gen. Psychiatry 28, 367–373.

BRODIE, H. K. H. (1983): Psychiatry – its Locus and its Future. Am. J. Psychiatry 140, 965–968.

EISENBERG, L. (1981): The physician as interpreter: Ascribing meaning to the illness experience. Compr. Psychiatry 22, 239–248.

FOERSTER, H. von (1971, 1972, 1973): in Observing Systems (1981, Sammlung von Arbeiten). Seaside, Cal.: Intersystems Publication.

LEIGH, H. (1982): Comment: The role of Psychiatry in Medicine. Am. J. Psychiatry 139, 1581–1587.

LIPOWSKI, Z. J. (1977): Psychosomatic Medicine in the Seventies: An Overview. Am. J. Psychiatry 134, 233–244.

MEISENHELDER, T. (1982): Hope: A Phenomenological Prelude to Critical Social Theory. Human Studies 5, 195–212.

PASK, G. (1978). A conversation theoretic approach to social systems. Vortrag: Fourth World Congress of Cybernetics, Amsterdam.

ROYCE, J. R. (1975): Psychology is Multi: Nebraska Symposion on Motivation 1975: 1–63. Lincoln: University of Nebraska Press.

WESTON, P.E. und von FOERSTER, H. (1974): Artificial intelligence and machines that understand. Ann. Rev. Physical Chemistry 24, 1–21.

DEPRESSIVE UND MANISCHE STIMMUNGSLAGEN: IHRE ROLLE IN DER ENTSTEHUNG PERSÖNLICHER UND SOZIALER PROBLEME

Werner F. Pritz und Bernhard Mitterauer

Wenn man sich als sogenannter Fachmann entschließt, zu entscheidenden Fragen seelischer Gesundheit bzw. störenden oder krankhaften seelischen Verhaltens Stellung zu beziehen, so verlangt dies einleitend einige offene Bemerkungen. Ergänzend zu den bekenntnishaften Aussagen des Vorwortes gilt es, Mißverständnissen, die sich aus dem Titel ergeben können, vorzubeugen und unsere Absicht klarzustellen. In der Planung dieser Arbeit stellte sich uns zu allererst die Frage, ob wir mit unserer öffentlichen Meinungsäußerung einen im ärztlichen Sinne „guten Dienst" erbringen können, oder ob wir Sie vielleicht damit ängstlicher Beunruhigung aussetzen, Sie zu falscher Urteilssicherheit verführen oder Sie in Ihrem Menschenbild verunsichern. Schließlich kamen wir aber zu der Überzeugung, daß das angesprochene Problem der Stimmungsschwankung so allgegenwärtig ist, daß es eine grobe Unterlassung wäre, darüber nicht zu sprechen, wenn man das Problem erst einmal in seiner ganzen Breite erkannt hat. Die Diskussion wird sicher denen entgegenkommen, die sich des Problems eigener mehr oder weniger starker Stimmungsschwankungen bewußt sind. Möglicherweise können wir jedoch nicht umhin, Menschen zu verletzen, die bislang für ihre Probleme andere Erklärungen gesucht haben. Vermutlich wird es auch einzelne unter Ihnen geben, die durch unsere Äußerungen ihre psychische Vollkommenheit in Frage gestellt sehen. Die unter Ihnen, die sich trotz der Lektüre unserer Gedanken als gesund und problemlos fühlen können, werden es sicher seelisch verkraften, wenn Sie unsere Gedankengänge auf eine mögliche Stunde seelischer Krisen und Verstimmungen vorzubereiten versuchen. Erlauben Sie uns eine anscheinend überflüssige Bemerkung, die uns aber außerordentlich am Herzen liegt. Das Thema unserer Diskussion

ist zu komplex, als daß wir nicht gezwungen wären, auch wichtige Aspekte in der Diskussion einfach zu übergehen. Dies nicht nur der didaktischen Klarheit und der Länge wegen, sondern auch deshalb, weil wichtige Detailprobleme noch nicht ausreichend untersucht sind. Keineswegs wollen wir aber diesen Mangel dazu mißbrauchen, unsere nervenärztliche Sicht künstlich zu harmonisieren und zu vereinfachen. Wir behaupten mit unserer Betonung der Rolle von Stimmungsschwankungen für Handlungsunfähigkeit, Fehlverhalten, seelisches und körperliches Leiden auch nicht, das psychiatrische Ei des Columbus gefunden zu haben; wir sind aber überzeugt, uns auf einer Hauptstraße psychiatrischer Problemstellung und Problemlösung zu bewegen.
Unsere Wahl fiel aus gutem Grund auf das Thema der Stimmungsschwankung. Nach den von uns untersuchten Krankengeschichten der letzten hundert Jahre wurden von den weit über 8000 Patienten, die aus Land und Stadt Salzburg stammen, über neunzig Prozent wegen seelischer Probleme aufgenommen, die sich aus Verstimmungen nach der depressiven Seite oder deren Gegenteil, der manischen Seite, ergaben. Auch in unserer Tätigkeit als nervenärztliche Berater in den verschiedensten Bereichen kamen wir zu der Schlußfolgerung, daß viele der Krisen nicht die problematische Form hätten, wenn nicht gleichzeitig eine Verstimmung bestünde. In vielen Fällen kann man sogar behaupten, daß das Problem oder das Fehlverhalten, das zur Konfrontation mit dem Nervenarzt führt, überhaupt erst im Rahmen manischer und depressiver Verstimmungszustände entsteht. Entsprechend dem Wesen der Subjektivität menschlichen Handelns kann eben im manischen oder depressiven Lebensvollzug die ungeheure Vielfalt von Daseinsthemen *problemlos* oder *problemhaft* zur Wirklichkeit werden. (Denken Sie an die unseligen Daseinsthemen, die mit der Beziehung Ich-Leib, Ich-Ich, Ich-Du usw. zusammenhängen.) Besonders Probleme der Arbeitsleistung, des Drogen- und Alkoholmißbrauchs sowie antisoziales Verhalten, Schulprobleme und Konflikte innerhalb der Familie sind in ihrer Intensität und in ihrem Verlauf häufig an Stimmungsschwankungen gebunden, wenn sie nicht überhaupt durch Stimmungsverschiebungen bedingt sind.

In diesem Sinne bespricht die vorliegende Arbeit eine ganz einfache Hypothese: Wir nehmen an, daß jedwedes menschliche Verhalten immer auf dem Hintergrund einer Stimmungsdiagnose gesehen werden muß (Pritz, 1983 a, b). Wir legen uns nicht fest, daß maniforme und depressive Zustände die einzigen Grundstimmungen sind; wir neigen aber zu der Annahme, daß es nur eine geringe Anzahl von echten Stimmungszuständen gibt. Da aber die Psychiatrie keine anderen Stimmungen als die der Manie und der Depression symptomatisch ausgearbeitet hat, können wir nur diese zwei Stimmungslagen behandeln. Wir nehmen weiters an, daß sich der Mensch immer in irgendeiner Grundstimmung befinden muß und daß die Frage der Abnormität einer Stimmungslage von vornherein nur die Dauer und die Schwere der Stimmungsverschiebung sowie das mögliche Hervorspülen von problemerzeugenden Verhaltensweisen betreffen kann.

Es soll auch gleich hier erwähnt werden, daß die Schwere einer Verstimmung nicht unbedingt in Beziehung zur Schwere der persönlichen und sozialen Probleme, die sie erzeugen kann, stehen muß. Ganz im Gegenteil gibt es offenkundig selbst schwere Stimmungsverschiebungen, die bei einzelnen Menschen zu hochnormalem und sozial wertvollem sowie persönlich befriedigendem Verhalten führen können. Es ist also nicht so, daß man Stimmungsschwankung mit Problemproduktion gleichsetzen kann, weder allgemein noch im Einzelfall. Den verschiedenen Grundstimmungen muß ja außerdem eine normalpsychologische Aufgabe zugrunde liegen. Mit Nachdruck sei auch noch einmal betont, daß wir nicht behaupten, daß es außer Stimmungsschwankungen keine seelischen Probleme gibt. Vielmehr behaupten wir, daß die ungeheure Vielfalt menschlicher seelischer Probleme eher selten nicht in Verbindung mit einer Stimmungsverschiebung zu schweren persönlichen und sozialen Problemen führt. In dieser Betonung weichen wir sicher von vielen Fachkollegen ab. Wenn wir im Vorwort darauf hingwiesen haben, daß sich die Psychiatrie nicht um die Vermehrung des Wohlbefindes im eigentlichen Sinne des Wortes kümmert, so ist es sicher eine bleibende Aufgabe des Nervenarztes, der Tendenz weiter Kreise der Öffentlichkeit Grenzen zu setzen und entgegenzuwirken, jede Not unter dem Aspekt der Selbstverschuldung, jedes Fehlverhalten aus dem Blickwinkel der Amoralität und jede Hilflosigkeit und Schwäche als sich selbst ausmerzendes Unvermögen zu betrachten. Wie immer die Tagespolitik Probleme, die in einem beträchtlichen Ausmaß aus psychiatrischen Gründen entstehen, zu bewältigen versucht, Ausstoßungsmechanismen müssen immer den Nervenarzt mahnend auf den Plan rufen. Da wir in erster Linie beabsichtigen, Sie mit der Psychiatrie des Alltags und nicht so sehr mit der „schweren

Psychiatrie" zu konfrontieren, haben wir damit ein wesentliches Ziel unserer Diskussion angesprochen.

Am Schluß dieser Einleitung müssen noch vier weitere Punkte erwähnt werden, die für das Gelingen unseres Informationsversuches sehr wichtig sind und die an anderer Stelle schlecht geschlossen vorgebracht werden können:

1. Die Psychiatrie verfügt über keine einheitlichen Diagnosekriterien, um Schizophrenie und Stimmungserkrankungen zu unterscheiden (Berner et al., 1983). Dazu kommen noch große individuelle Unterschiede in den Diagnosetendenzen von Nervenarzt zu Nervenarzt. So interessant es wäre, wir können uns hier nicht in einer genauen Schilderung dieser Schlacht verlieren, in der die eine Gruppe der anderen vorwirft, zu viel oder zu wenig Stimmungserkrankungen oder Schizophrenie zu diagnostizieren. Im letzten Jahrzehnt kam es allerdings weltweit zu einem Zurückdrängen der Schizophreniediagnose zugunsten der Diagnose von Stimmungsschwankungen (Berner, 1980; Pope und Lipinski, 1978). Wir haben bereits unsere Überzeugung angeführt, daß z. B. für das Land Salzburg die Schizophreniediagnose von weitestgehender Bedeutungslosigkeit ist, da Sie hier nach den modernen Diagnosekriterien kaum einem sogenannten schizophrenen Mitmenschen begegnen werden (Pritz und Mitterauer, 1984, a, b).
2. Da Stimmungsverschiebungen sich nicht unter der Redewendung „himmelhoch jauchzend, zu Tode betrübt" subsummieren lassen, sind wir gezwungen, ein sehr aufwendiges Schema in der Schilderung depressiven Verhaltens zu verwenden, von dem wir hoffen, daß es auch geeignet ist, in polarer Weise manische Zustände zu schildern. Glücklicherweise geht man davon ab, leichte und schwere Verstimmungszustände sowie Verstimmungszustände in verschiedenen Altersstufen prinzipiell unterschiedlich zu schildern.
3. Wir denken nicht daran, Sie durch die Schilderung schwerster manischer und depressiver Symptombilder zu unterhalten.
4. Obwohl wir glauben, daß der Mensch angeborenerweise – allerdings weitestgehend unbewußt, jedoch ununterbrochen – sich selbst und seine Mitmenschen einer Stimmungsdiagnose unterwirft, so zielt unsere Aufklärung in erster Linie nicht darauf ab, Sie zu überlegenen Stimmungsdiagnostikern zu machen. Wir beabsichtigen vielmehr, Sie mit dem vorgebrachten Wissen so zu rüsten, daß Sie in Ihrem Leben so oft wie möglich davor bewahrt werden, sich selbst, Ihre Mitmenschen und Ihre mitmenschlichen

Beziehungen falschen Urteilen und damit auch falschen Schlußfolgerungen zu unterwerfen.

DAS STIMMUNGSKONZEPT

Wir halten es für einen außerordentlichen Skandal, daß der Begriff Stimmung (engl.: mood) in den meisten Lehrbüchern und Handbüchern der Psychiatrie und Psychologie überhaupt keine oder nur eine beiläufige Nennung erfährt. Im Deutschen liest man als Synonyme Gefühlslage, Gemütszustand, Gemütslage und auch Laune. Es ist ein besonderes Verdienst von Owens und Maxmen (1979), darauf hingewiesen zu haben, daß die Begriffe für Stimmung und Affekt (Gefühl, Emotion) durch ihren Alltagsgebrauch einer semantischen Konfusion, d. h. einer begrifflich-inhaltlichen Unklarheit unterworfen sind, deren sich die Psychiatrie nicht ausreichend bewußt ist. Beide Konzepte werden teilweise austauschbar gebraucht. Wie Owens und Maxmen (1969) aufzeigen, muß man sich klarwerden, daß die Begriffe Stimmung und Affekt (Gefühl, emotionale Konnotation) reine Abstraktionen sind und daß beide Begriffe jeweils von einer Fülle konkreter Phänomene erschlossen werden müssen. Es ist auch sicher, daß beide Begriffe nicht einmal im Alltagsgebrauch synonym sind (Ketai, 1975). Auch in den verschiedenen enzyklopädischen Wörterbüchern und psychiatrischen Texten werden beide Ausdrücke sehr verschiedenartig und oft widersprüchlich definiert und gebraucht.

Unserer Ansicht nach weist die psychiatrische und psychologische Forschung klar darauf hin, daß Kriterien der zeitlichen Dauer sicher nicht zur Unterscheidung herangezogen werden können. Es gibt sehr kurzfristige Stimmungsschwankungen und sehr lang andauernde Gefühle. Damit fallen alle Sichtweisen, die Stimmungen quasi als lang andauernde Gefühlslagen betrachten. Die besten Äußerungen zum Problem der Stimmung weisen darauf hin, daß die Stimmung ein Konzept umschreiben muß, das menschliches Handeln durch und durch beeinflußt und das eine Gefühlstheorie in sich einschließen muß (Weinshel, 1970). Auch wenn man die verschiedenen Diagnoseschemata für manische und depressive Grundstimmungen genau betrachtet, so weisen sie in die Richtung, daß Stimmungen jedwedes seelische Verhalten und alle körperlichen Prozesse im engeren Sinn verändern können. Unser konkretes Fühlen, unsere Wahrnehmung, unsere Weltsicht, unsere Selbstbeobachtung, unsere Entscheidungen und unsere körperliche Leistungsfähigkeit sowie unser körperliches Befinden sind der programmatischen Macht von Stimmungsschwankungen unterworfen. Im Diagnose-Handbuch der amerikanischen psychiatrischen Gesellschaft wird deshalb auch das Bild verwendet, daß sich die Stimmung zum Affekt wie das Klima zum Wetter verhalte (DSM-III, 1980. S. 363).

Der Mehrzahl der Nervenärzte ist auch bewußt oder unbewußt klar, daß sie es bei den depressiven und manischen Zuständen nicht – wie der Fachausdruck besagt – mit Affektstörungen oder Affektpsychosen zu tun haben, sondern daß es sich hier um Stimmungserkrankungen handelt. Man hat auch im erwähnten Manual überlegt, statt Affektpsychose den Ausdruck Stimmungserkrankung zu verwenden. Der häufige Gebrauch des Begriffes Verstimmung in der psychiatrischen Praxis muß ebenfalls hervorgehoben werden. Viele Probleme der Psychiatrie, allen voran das Auswuchern der Diagnose Schizophrenie, das erst im letzten Jahrzehnt entscheidend zurückgedrängt wird, hätten nicht das bekannte Ausmaß erreicht, wenn man den Stimmungsbegriff klarer überlegt hätte. Auch die Tatsache, daß zumindest in einem Prozentsatz, der sich zwischen fünfundzwanzig und fünfzig Prozent bewegt, die verschiedensten psychiatrischen Erkrankungen mit Stimmungsproblemen einhergehen und in ähnlich hohen Prozentsätzen eine erhöhte familiäre Neigung zu besonders ausgeprägten Stimmungsschwankungen besteht, unterstreicht unsere Betonung des Stimmungskonzeptes.

Obwohl Nowlis (1970) davon überzeugt ist, daß im Prozeß der Stimmung das ganze Individuum involviert ist, bezeichnet er das Konzept als unhandlich, weil es in basaler Weise ein nicht-technischer Ausdruck ist. An dieser Stelle der Argumentation, die auch andere Autoren übernehmen, setzt offenkundig der Irrtum ein. Das Problem liegt bedeutend tiefer im Fehlen einer organischen Handlungstheorie, worauf Günther (1976) immer wieder hinweist: „Es ist kein Zufall, daß wir auch heute noch keine echte Theorie der Handlung besitzen, die sich an philosophischer Tiefe und detaillierter Präzision auch nur im entferntesten mit der Theorie des Denkens, die in den letzten zwei Millennien entwikkelt worden ist, messen kann." Es kann hier nicht genau ausgeführt werden, warum das Konzept der Stimmung, wie es seine begriffliche Verwendung in der Alltagssprache und im nervenärztlichen Jargon andeutet, zu einem elementaren Bestandteil einer menschlichen (organismischen) Handlungslogik werden muß.

Obwohl wir hier keine Handlungstheorie entwerfen können, so soll wenigstens angedeutet werden, wie sich das ganze Problem vereinfacht und oberflächlich darstellt: Jedes einzellige und vielzellige System – und damit im besonderen natürlich auch der Mensch – ist auf jeder Ebene des Handelns aus einer großen Zahl von Daseinsthemenbereichen, die zumindest teilweise in einem dialektischen, d. h. sich gegenseitig in Frage stellenden Verhältnis zueinander stehen, zusammengesetzt.

Dialektisch in einem zweifachen Sinn:

1. Ein lebendes System muß in jedem Augenblick entscheiden, welche Daseinsthemenbereiche zusammen gehören und welche nicht zusammen gehören, weil ja die subjektiven sowie die objektiven Wirklichkeiten voll logischer Brüche sind. Auch aus diesem Grund gleicht kein Mensch dem anderen, und gibt es keine exakte Wiederholung von Handlung.

2. Die Geschlossenheit eines subjektiven Systems kann nur dadurch aufrecht erhalten werden, daß zyklische Handlungsoperatoren (Negationsoperatoren, Günther, 1980 a, b) daseinsthematische Widersprüche zu Handlungsprogrammen formen, die nach bio-logischer und psycho-logischer Dringlichkeit vorschreiben, wie gehandelt werden muß. Mit anderen Worten, wir sind dem Wesen nach durch und durch widersprüchlich. Der ganze Reichtum unserer Handlungsmöglichkeiten ist in dieser unserer widersprüchlichen Natur (Polythematik der Daseinsthemenbereiche) grundgelegt. Da nicht jeder Aspekt der Lebenserhaltung und Lebensgestaltung gleichzeitig berücksichtigt werden kann, ist es einleuchtend, daß das in einer bestimmten Stimmung erzeugte Handlungsrepertoire auf der unterschiedlichen logischen Integration von Informationen beruht und als ganz unterschiedliche existentielle Gestimmtheit erlebt wird.

Der Mensch muß also, um handlungsfähig und damit lebendig zu sein, in jedem Augenblick aktuelle Logiken der Selbstbeobachtung und der Selbstdarstellung entwickeln, die zwischen dieser Vielheit und Widersprüchlichkeit möglicher Motive, Sehnsüchte und Tätigkeiten Widerspruchslosigkeit in der Entscheidung vermitteln. Dieses Problem des drohenden Zerfalls eines Systemganzen in seine isolierten Elemente stellt sich auf jeder Systemebene, die komplex genug ist. Damit hat Stimmung auch etwas mit der Protektion des Systemganzen und der Verhütung der Auflösung in unabhängige, unkoordinierte Aktivitäten zu tun. Wie Kohout und Gaines (1976) betonen, sind die natürlichen Logiken der Protektion modale Logiken. In diesem Sinne bestimmen Stimmungen, was möglich und notwendig ist, was erlaubt ist und was verpflichtend ist, was erstrebenswert und was zu vermeiden ist usw. Im Phänomen der Stimmung begegnen wir also jenem Aspekt menschlicher Wirklichkeitskonstruktion, der die Tatsache widerspiegelt, daß das menschliche Gehirn mehr als eine grundlegende Handlungspragmatik kennt (Pritz, 1983 a, b).

Das Gehirn muß also verschiedener basaler Zustände fähig sein, und es stellt sich auch die apparative Frage: Was unterscheidet das depressive Gehirn vom manischen Gehirn? Die Molekularbiologen und Neurophysiologen haben zu dieser Frage eine Unmenge von Detailwissen erarbeitet. Wir können hier nicht auf diese Antworten eingehen und möchten nur darauf hinweisen, daß die ganze Fragestellung in der unterschiedlichen medikamentösen Praxis in der Behandlung von Manie und Depression ihren Niederschlag findet.

Die eigentlich interessante Frage, nämlich welche unterschiedlichen Ideale der Organisation menschlichen Handelns bei der Manie und Depression zum Tragen kommen, können wir hier aus verschiedenen Gründen nicht diskutieren. So interessant die Antwort auf diese Frage auch für unsere Diskussion wäre, so hoffen wir, dem Problem doch auch mit der bloßen Formulierung dieser Frage gedient zu haben. Zusammenfassend können wir nämlich sagen, daß die Stimmung in grundlegenden Unterschieden ausdrücken muß, wie der Mensch sich selbst und seine Umgebung interpretiert, nach welchen Kriterien er Handlungshypothesen aufstellt, nach welchen Gesichtspunkten er mitmenschliche Begegnungen lebt und erlebt, nach welchen Grundsätzen er Lebensprobleme konstruiert und zu lösen versucht, mit welchen Mitteln er seine eigene Identität zu verteidigen trachtet und nach welchen Gesetzen unser ständiger Identitätswandel sich vollzieht. Dies müssen ungelöste Fragen bleiben, aber in der folgenden Schilderung depressiver und manischer Handlungsweisen mögen für manche die Antworten auf diese Frage zumindest durchschimmern.

Ein besonderes Problem stellt sich dadurch, daß die Ausdrücke „depressiv" und „manisch" in unserer Umgangssprache schwere seelische Gestörtheit suggerieren. Es gibt zwar medizinische Ausdrücke (subdepressiv, hypomanisch), die mildere Zustandsformen bezeichnen sollen, aber es gibt keine Bezeichnung für normale depressive und normale manische Grundstimmungen. Die ungeheure Gebundenheit von Stimmungsschwankungen an die verschiedensten Lebensrhythmen und ihr situationsgebundenes Auftreten deuten aber darauf hin, daß die manische und die depressive Grundstimmung spezifische normale menschliche Handlungszustände sind, die wie alle lebendigen Phänomene normal, leicht problembeladen oder krankhaft ablaufen können. Ein echtes Verstehen der depressiven und der manischen Stimmungslage hätte deshalb auch eine normale Psychologie des depressiven und manischen Verhaltens zur Voraussetzung.

In der Psychiatrie werden mit dem Problem der Stimmungsschwankung und der Verstimmung viele Fragen diskutiert, die uns hier nicht weiter berühren, die aber trotzdem erwähnt werden müssen:

Da ist die Frage offen, ob jeder Mensch, der in problemhafte manische oder problemhafte depressive Verstimmungen verfällt, prinzipiell auch in die gegenteilige Stimmung schweren Ausmaßes verfallen kann, oder zum Beispiel nur zu Depressionen neigt (Frage der Aufteilung in bipolare und unipolare Verläufe). Es wird das Problem der reinen reaktiven Auslösung gegenüber der Verursachung von innen heraus diskutiert; unserer Meinung nach weitgehend ein Scheinproblem, denn jede lebendige Aktivität entsteht in einer spezifischen Umwelt durch einen spezifischen organismischen Apparat. Es wird auch das Problem diskutiert, ob andere psychische Leiden (Neurose, Schizophrenie) depressive und manische Verstimmungen auslösen können (Frage sekundärer Depressionen gegenüber primären). Ohne Zweifel ist es jedoch in diesem Zusammenhang möglich, daß durch schwere innere Erkrankungen, vor allem aber auch durch Erkrankungen und Verletzungen des Gehirns, Probleme der abnormen Verstimmung entstehen können. Es gibt noch eine Reihe anderer Fragen. Da es aber keine wirklichen Kriterien gibt, vom Symptombild her alle diese möglichen Klassifizierungen zu unterscheiden, sind für unseren Zweck diese Fragen ohne nennenswerte Bedeutung.

Auch wenn schon Kraepelin (1913) die ungeheure Vielfalt depressiver und manischer Symptome erkannt hat, so hat sich dadurch, daß die Schizophrenie immer mehr zu einer Ausschlußdiagnose gegenüber der manisch-depressiven Problematik wird und daß man Querverbindungen zwischen den verschiedensten psychiatrischen Krankheitsbildern und Stimmungsverschiebungen untersucht, die Tendenz ergeben, immer neue Bilder atypischer Depressionen und atypischer Manien zu schildern. Da wir versuchen, depressives und manisches Verhalten weitestgehend nach operationalen Gesichtspunkten zu schildern und nicht zu sehr nach beschreibenden Kategorien, weichen wir dem Scheinproblem atypischer Bilder von vornherein aus. Unserer Meinung nach ist es auch unlogisch, die Breite depressiver und manischer Phänomenologie, die ein Mensch in seiner Individualität, in seiner spezifischen Problemstruktur sowie in seiner besonderen soziokulturellen Einbettung entwickelt, als typisch oder atypisch zu charakterisieren.

DIE DEPRESSIVE GRUNDSTIMMUNG

Gleichgültig ob man sich in einer „normalen" Depression befindet, mit hohem Verantwortungsbewußtsein, Nüchternheit und Realitätsbezogenheit, Hilfsbereitschaft und mit dem Willen, an sich zu arbeiten, selbstkritischer Bedachtsamkeit, Betroffenheit durch das Schicksal des Nächsten und eigener Leidensfähigkeit, oder ob wir es mit schwer zu steuernden Depressionen mit Erkrankungswert in Form von Angst, depressiven Wahnideen, schweren Hemmungen usw. zu tun haben, es liegt eben offenbar immer die prinzipiell gleiche Logik zugrunde, wie Verhalten organisiert wird. Darum versuchen wir, die vielen rein beschreibenden Konzepte der Depression etwas operational zu organisieren, auch wenn die operativen Prinzipien, die hinter dem ungeheuer breiten Spektrum klinischer und außerklinischer depressiver Erscheinungsbilder stehen, noch nicht wirklich herausgefunden sind. Die Bruchstückhaftigkeit unserer Schilderung liegt also nicht nur in unserer eigenen verbalen und kognitiven Beschränktheit oder in der Begrenztheit unseres Gedankenaustausches mit Kollegen, sondern spiegelt ganz unmittelbar den Stand der Dinge wider.
Wir können in der depressiven Grundstimmung folgende Änderungen der Organisation menschlichen Verhaltens feststellen:

(1)

Offenbar herrscht in der depressiven Grundstimmung eine Handlungslogik vor, die den Seins-Aspekt des Alleinseins mit sich selbst gegenüber der reichen Thematik des Wirkens in einer und mit einer Umwelt betont. Eine solche menschliche Handlungslogik ist nicht so absurd, wie sie im ersten Moment erscheinen mag, wenn man bedenkt, daß der Organismus sich im Zustand des Schlafes oder im Zustand des Winterschlafes in biologischen Situationen

befindet, die dem Wesen nach von gleichen operativen Prinzipien bestimmt werden. Was wir mit der Formulierung des „Alleinseins mit sich selbst“ meinen, mag sich besonders gut von Problemen krankhaft depressiven Verhaltens her aufschließen, aber letztlich muß eine Definition im Rahmen einer normalen Psychologie depressiver Verhaltensproduktion gefunden werden.
Die vermutete „depressive“ Entscheidungslogik müßte programmatisch Prozesse der Selbstüberprüfung und der Selbstbewußtmachung in den Vordergrund schieben, die auf Änderungen der Selbstbeschreibung gerichtet sind. In der Depression kommt es offenbar zu einer weitgehenden „Entmachtung“ des Individuums in der willentlichen Einflußnahme auf sich selbst und seinen eigenen Körper sowie auf die Mitmenschen und die Umwelt ganz allgemein. Die Depression stellt sich also uns zum einen als eine Art Handlungslähmung, als eine Unterbrechung der umweltgerichteten menschlichen Dynamik dar.
Dieses grundlegende Phänomen depressiven Verhaltens wird auch mit Antriebsstörung und Antriebshemmung bezeichnet oder mit Mangel bzw. Verlust der Vitalität beschrieben. Eine Patientin hat dies einmal mit den Worten „ich könnte, wenn ich könnte“ überaus treffend formuliert. Wir versuchen im folgenden, dieses depressive Kernphänomen unter Aufsplitterung in verschiedene Teilbereiche etwas detaillierter zu beschreiben:
a) *Körperlich* wird dieses Phänomen am häufigsten ganz allgemein als Müdigkeit empfunden. Wenn diese mehr auf die Motorik hin interpretiert und erlitten wird, so wird der ganze Zustand oft als Muskelschwäche, Schlappheit und Unkoordiniertheit der Arme und Beine („ich habe plötzlich zwei linke Hände“) erlebt. Jeder Handgriff kann unendlich schwer fallen, Arbeit und sonstige motorische Praxis kann nur verlangsamt, erschwert, chaotisch zerfahren oder überhaupt nicht mehr erbracht werden (dies kann bis zum sogenannten Stupor, also dem vollkommenen Handlungsverlust, gehen).
Kommentar: In unserem Kulturkreis neigt man dazu, diese Symptome bei sich selbst und bei anderen sofort moralisch zu qualifizieren. Es dominieren Urteile, die in großer Regelmäßigkeit auf Faulheit, Willenlosigkeit, mangelndes Verantwortungsbewußtsein, Sich-Gehen-Lassen, fehlende Selbstdisziplin, Sich-Nicht-Zusammenreißen-Wollen usw. lauten. Von diesen Urteilen ist es für die direkt und indirekt Betroffenen nur mehr ein kurzer Weg zu verschiedenen problembeladenen Ausdeutungen, Kränkungen

und seelischen Verletzungen. Auch die Selbstverurteilung kommt vor.
Verständlicherweise wird diese körperlich erlebte Symptomatik auch sehr häufig als Zeichen schwerer Erschöpfung und damit Erkrankung gedeutet. Da diese Deutung auch beim Vorliegen einer eindeutigen Depression nicht bei den Haaren herbeigezogen sein muß, wird man als Arzt deshalb immer andere Gründe der Müdigkeit überprüfen müssen.
b) *Wille:* Wie bereits teilweise aus dem Punkt a) hervorgeht, ist das willentliche Handeln tatsächlich mehr oder weniger stark gelähmt. Unsere Bedeutung des Gegensatzpaares willensstark – willenlos stellt hier eine besonders tückische kulturelle Falle bereit. Nervenärztlicherseits ist schlicht festzuhalten, daß jeder Appell an den Willen vollständig unangebracht ist, die Problematik nur steigert und deshalb katastrophale Folgen haben kann. Vermehrte Anstrengungen, sich aus Gründen großer Diszipliniertheit oder wegen Schuldgefühlen zusammenzureißen, münden meist in einer Verstärkung der Problematik. Daß sich hier eine Quelle für schwerste Probleme am Arbeitsplatz und in der Familie (Unfähigkeit zu kochen, Unfähigkeit die Kinder zu versorgen) auftut, muß wohl nicht eigens erwähnt werden.
c) *Gedächtnis, Denken, Kreativität usw.:* In diesem Bereich wird die depressive Umprogrammierung als Verdummung, Einfallslosigkeit, Konzentrationsstörung, Gedächtnisschwäche, „Brett vor dem Hirn“, Geistesabwesenheit, Interesselosigkeit usw. empfunden und gedeutet. Oft wird dann in körperbezogener Ängstlichkeit die Furcht vor einem Hirntumor, vor frühzeitiger Verblödung, Verkalkung usw. ausgesprochen. Ein Problem ist bei dieser Symptomatik dadurch gegeben, daß man sich in der Depression nicht vorstellen kann, daß diese Probleme über Nacht oder in einer gewissen Übergangszeit wieder voll verschwinden und die alte Kreativität und das alte Erinnerungs- und Merkfähigkeitspotential wieder zur Verfügung stehen können.
d) *Wahrnehmungsbereich:* Probleme in diesem Bereich werden auch von Ärzten häufig nicht richtig erkannt und vom Patienten ebenfalls als ein Darniederliegen körperlich intellektueller Leistungsfähigkeit gedeutet. Man verlangsamt z. B. in der optischen Wahrnehmung, die Buntheit und Klarheit der Welt geht verloren, und man kann auch umweltblind werden. (Ausdrücke wie „schwarz sehen“, „alles grau in grau sehen“, „nichts mehr sehen und hören wollen“, „stadschauert“ etc. weisen auf diese Proble-

matik hin. Das gleiche gilt natürlich auch für das Hören oder das Schmecken und Riechen; alles schmeckt schal, auch wegen des Mangels, abschmecken zu können, Tendenz zum Verlust der Kochkunst). Unserer Meinung nach gehört hierher auch das häufig zu beobachtende Gefühl, man sei tot, der ganze Körper sei abgestorben. In bestimmten Dialektbezirken unseres Landes gibt es für diese basale Verarmung im Bereich der Sinnesorgane ein außerordentlich zutreffendes Wort, nämlich „sinnarm".

e) *Mitmenschliche Begegnung, Sprache:* Was das Sprechen-können betrifft, so verlieren viele Menschen in der Depression ihre Wortgewalt und erleben dies auch subjektiv als mehr oder weniger ausgeprägte Sprachlosigkeit oder Sprachunfähigkeit; Verschlechterung in der Fähigkeit Fremdsprachen zu benützen oder Fremdwörter zur Verfügung zu haben, sind an der Tagesordnung. Insgesamt geht auch die Sprachgewalt in ihren nonverbalen Komponenten der Wortmelodie und der Rhythmik verloren. In den meisten Fällen wird man einfach wortkarg und zeigt kein Verlangen, das Instrument der Sprache zu gebrauchen.

Sehr viele Menschen ziehen sich in der Depression zunehmend von ihren Mitmenschen zurück, sie erleben eine Ohnmacht, die auch der Wirklichkeit der Depression nicht entsprechen muß. Dieses Zurückziehen von Umweltkontakten drückt sich z. B. darin aus, daß man nur mehr abends allein vor die Haustüre geht, daß man nicht mehr einkaufen gehen kann, daß man den Arzt meidet, weil man es nicht aushält, dort unter Leuten zu warten usw. Die Kommunikation ist aber nicht nur in der Form gestört, daß man sich selbst nicht mehr an den Mitmenschen heranmacht, sondern es ist in der Depression auch unmöglich, als Außenstehender den Depressiven wirklich entscheidend zu beeinflussen, obwohl es natürlich Formen der Stützung gibt. Dieses Phänomen, daß man in der Depression die tröstenden Worte der Mitmenschen nicht annehmen kann und den Argumenten des Helfers nicht zu folgen vermag, wird auf beiden Seiten häufig – vor allem bei lang dauernden Depressionen – zu einem großen Problem. Die depressive Seite bekommt Schuldgefühle und die gesunde Seite Gedanken der Ohnmacht.

Der Umweltkontakt wird auch häufig mit der Begründung der Interesselosigkeit oder des derzeitigen Anders-Seins gemieden und ist für viele Depressive, wie bereits erwähnt, ausgesprochen belastend. Man soll deshalb von zu wohlgemeinten Ratschlägen, sich in Gemeinschaft zu erheitern oder zu erholen, unbedingt absehen.

Die kleine Gruppe von Depressiven, der es ein Bedürfnis ist, sich am Mitmenschen anzuklammern, sich bei ihm auszuweinen oder sich durch ihn ablenken zu lassen, wird durch diesen Ratschlag nicht unbedingt gefährdet, da sich diese Gruppe ohnehin selbst Wege sucht, entsprechende Kontakte zu finden. Ein interessantes Detail unseres Telefonzeitalters ist es, daß Depressive zwar oft nicht mehr vor das Haus gehen und den unmittelbaren Kontakt mit den Mitmenschen auch scheuen, aber nichtsdestoweniger sehr wohl zum Telefon greifen.
Ein besonderes Problem werden diese mitmenschlichen Kontaktstörungen, wenn sie ganz unmittelbar als Verlust der Beziehungen zu den Kindern oder zum Gatten erlebt werden, wenn einem diese gleichgültig werden und wenn man dann den ganzen Vorgang über Schuldgefühle zu interpretieren versucht.
Betrachtet man auch die sexuelle Interaktion als kommunikatives Phänomen, so tritt in diesem Bereich gleichfalls der Verlust der Begegnungsfähigkeit und des vitalen Handlungsinteresses in den Vordergrund. Vor allem bei Frauen kommt es in der überwiegenden Mehrzahl der Fälle zu einem Verlust jedweden sexuellen Interesses, das bis zu schwerer Angst und zum Ekel vor sexuellen Kontakten führen kann. Bei Männern hat man häufig den Eindruck, daß zumindest bei leichteren Depressionen versucht wird, auf dem Weg der sexuellen Begegnung doch noch kommunikative Selbstbestätigung zu finden und zu praktizieren. Bei länger dauernden Depressionen ergibt sich gerade aus diesem Symptomkomplex eine ungeheure Fülle von scheinbar kleinen, aber doch sehr schwerwiegenden Ehe- und Partnerschaftsproblemen, die durch falsche Erklärungsversuche und durch Mißinterpretationen des Verhaltens des Partners noch weiter kompliziert werden.
Wir möchten auch gleich hier vermerken, daß die depressive Kommunikationsproblematik sich unserer Meinung nach außerordentlich gravierend im Schulbereich auswirkt. Sie kann in Kombination mit der gestörten Lern- und Merkfähigkeit sowie der veränderten Konzentration und Wahrnehmung hier häufig dazu führen, daß das Kind durch seine mangelnde Beeinflußbarkeit und seine Geistesabwesenheit provokativ auf Lehrer und Eltern wirkt. Das Erlebnis der Unterbrechung der Macht der Erziehung und der Macht des Belehrens wird von vielen Lehrern und Erziehungsberechtigten mit schweren Fehlreaktionen ausgesteuert.
Unserer Meinung nach ist auch die mehr oder weniger stark ausgeprägte Tendenz, in der Depression keine Freude empfinden

zu können, genau so wie das Problem depressiver Angst auf dem Hintergrund der depressiven Kommunikationsstörung zu sehen und zu bewerten. Es ist ebenfalls für den Außenstehenden gut zu wissen, daß man den meisten Depressiven keine Freude machen kann. Mit Nachdruck muß jedoch darauf hingewiesen werden, daß aus der Schilderung der depressiven Kommunikationsstörung nicht die Schlußfolgerung abgeleitet werden kann, daß der Depressive seine Mitmenschen etwa nicht benötigt. Unsere Schilderung soll nur darauf hinweisen, daß die normale Situation der Kommunikation, wie wir sie in einer anderen Arbeit dieses Buches (Pritz) geschildert haben, nicht gegeben ist und daß man dies in der Beziehungsproblematik zu Depressiven richtig interpretieren muß, d. h. nicht als eigene Unfähigkeit, als Ablehnung durch den Depressiven oder als persönliche Beleidigung sehen darf.

Ein wichtiger Punkt, der mit der depressiven Kommunikationsstörung zusammenhängt, ist oft die depressionsbedingte Störung des religiösen Verhaltens. Viele Menschen, die an und für sich religiös sind und auch gewohnt sind, sich in ihrer Beziehung zu Gott, im Gebet usw. Trost und Rückhalt zu verschaffen, sind aus der depressiven Kommunikationshemmung heraus nicht in der Lage, diesen Kontakt gerade in der Stunde, wo sie ihn am nötigsten hätten, aufrecht zu erhalten. ‚Ich kann nicht mehr beten‘ oder ‚Gott ist für mich in unendliche Ferne gerückt‘ sind Redewendungen, die man oft hört. Auch ohne daß dieses Problem zu Schuldgefühlen führt, verstärkt es das Gefühl des Verlassenseins ganz allgemein. Daß die Beziehung zu Gott primär depressiv gestört sein kann, wird bei seelsorgerischen Bemühungen oft übersehen.

f) Aus verschiedenen Aspekten der vorher aufgezählten Punkte ergeben sich noch einige allgemeine Bemerkungen:

○ Trotz der geschilderten Probleme soll man nicht leichtfertig zum Unterbrechen der Arbeit, zu Krankenstand und Erholung während der Depression raten. Die Leistungsfähigkeit ist in den meisten Fällen objektiv besser als sie subjektiv erlebt wird, außerdem ist in den meisten Fällen das Alleinsein mit sich selbst für den Depressiven das noch schwierigere Problem.

○ Die Änderungen in der Verhaltensdynamik während der Depression führen unserer Bewertung nach zu einer Entscheidungsunfähigkeit. Es ist ein dringender nervenärztlicher Ratschlag, in der Depression nach Möglichkeit keine gravierenden Entscheidungen zu treffen.

○ Auf der Suche nach der Erklärung für den eigenen, als quälend empfundenen Zustand der Depression werden viele an sich schlichte Alltagsprobleme, die möglicherweise überhaupt erst aus der Depression heraus entstanden sind, zum ursächlichen Problem. Man hofft, mit der sofortigen Bewältigung des als angebliche Depressionsursache empfundenen Problems aus dem Zustand der Depression herauszukommen. Die Probleme werden meist glaubwürdig im Bereich der Partnerschaft, der Zusammenarbeit am Arbeitsplatz und der Befriedigung durch die Arbeit, der Wohnung oder der Beziehung zu den Eltern usw. konstruiert. Die Kombination des Strebens nach Abänderung des Zustandes, in dem man sich befindet, mit einer erhöhten depressiven Fluchtneigung führt dann durch Kündigung, Arbeitsplatzwechsel, Ehescheidung, Wohnungswechsel, Ortswechsel etc. oft erst recht auf einen Weg, der mittel- und langfristig wirkliche Probleme schafft.

(2)

Hat sich der Punkt (1) vor allem auf technische Aspekte des Handelns bezogen, so sollen jetzt inhaltliche, also semantische Aspekte besprochen werden. Die Frage lautet: Wie ist die Selbstinterpretation und damit auch die Interpretation der Umwelt in der Depression ganz allgemein verändert?

a) Die vielen Themen, die dem Menschen normalerweise in den Handlungsvollzügen zur Verfügung stehen, werden nach entsprechenden genetischen, lebensgeschichtlichen sowie kulturellen Kriterien auf einige wenige Themen oder gar nur ein Thema eingeengt. Wenn man den Menschen nicht in seinem Normalzustand kennt, ist es oft sehr schwer, diese Einengung zu beurteilen. Dies auch deshalb, weil die unter Punkt (1) angeführten Symptome oft zu einer Unterbewertung der intellektuellen und emotionalen Fähigkeiten des betroffenen Mitmenschen führen. Die Einengung kann z. B. auf Themen der körperlichen Gesundheit, des äußeren Erscheinungsbildes, des Bedrohung durch andere, der ökonomischen Macht, der Sexualität, des Glaubens usw. erfolgen.
Die Gefühle der Angst und der Schuld, die wir in einer anderen Arbeit dieses Buches im Zusammenhang mit dem Wesen und der Technik der Kommunikation gestreift haben, können allerdings auch sehr leicht von einem Thema auf alle Themen der Beziehung zum eigenen Körper, der Beziehung zu sich selbst im psychischen Bereich und der Beziehung zu den Mitmenschen sowie der Beziehung zu Gott übergreifen.

Diese Einengung läßt sich am besten nonverbal feststellen. In Lehrbüchern wird häufig von einem Verlust z. B. der Mimik in der Depression gesprochen. Dies erscheint uns aber als eine totale Fehldeutung der Wirklichkeit, denn es kommt nur gleichlaufend mit einem monotonen Thema der emotionalen Konnotation auch zu einer Monotonie des nonverbalen Erscheinungsbildes im Blick, in der Mimik, in der Bewegung und in der Stimme. Man verliert also die Lebhaftigkeit und die Vielfalt der Mimik, der Wortmelodie, ‚des Wortrhythmus' usw. Viele Depressive merken das an sich selbst und meinen dann auch, ein jeder müßte ihnen anmerken, wie schwer erkrankt sie sind. Den Angehörigen und Bekannten des Patienten fällt aber meist eben nur auf, daß der Depressive von morgens bis abends gleich „aus der Wäsche schaut".

Das Thema, auf das man in der Depression jeweils eingeengt wird, fällt meist einer extremen Beobachtung und Betonung bis zum schweren Grübelzwang anheim. Dieses eine Thema beginnt das ganze Denken, Fühlen usw. zu dominieren.

b) Das in der Depression aktualisierte Selbstverwirklichungsthema wird nun in einer Art und Weise der Selbstbeobachtung unterzogen, die logisch in irgendeiner Form eine Umwandlung oder eine Änderung des Selbst nahelegt. Solche Modalitäten emotionaler Konnotation sind: Hilflosigkeit, Ohnmacht, Schuld, Hoffnungslosigkeit, Fehlerhaftigkeit, Schmerzhaftigkeit, Verwundbarkeit, Unsicherheit, Ratlosigkeit, Verzweiflung, Trauer und andere mehr.

Wir möchten Sie an dieser Stelle auch darauf aufmerksam machen, daß eben nur ein kleiner Prozentsatz von Depressionen unserer üblichen Vorstellung von Depression entspricht. Relativ wenige Depressionen sind weinerlich-depressiv im üblichen Sinne des Wortes. Auch das nonverbale Erscheinungsbild des Depressiven ist dadurch sehr unterschiedlich und kann zu Fehldiagnosen und zum Nichterkennen der depressiven Verstimmung führen; von der Mimik her kann man z. B. gleichermaßen hilfloses Lächeln wie verzweifeltes Lachen, stumme Verzweiflung oder stumme Ergebenheit, agitierte Weinerlichkeit oder hoffnungslose Gleichgültigkeit beobachten, es kann aber auch nur ein ohnmächtig fragender, stummer Blick sein.

c) Die unter a) und b) angeführten Depressionsprozesse können natürlich wahnhaft ausgestaltet werden. Wahnhaft ausgestalten heißt, daß man sich vermutlich aus einem Mechanismus der Selbstreparatur heraus eine ganz und gar individuelle und stimmungsab-

hängige Wirklichkeit schafft (Verarmungswahn, Schuldwahn, Krankheitswahn, Wahnideen der Verfolgung seien nur zur Illustration angeführt). Wissenschaftlich wird die Frage, ob ein Wahn zur dazugehörigen Stimmung paßt oder nicht, immer mehr zu einem zentralen Thema der Forschung mit Bezug auf die Abgrenzung der Schizophreniediagnose werden (Pritz, 1983).
Die Frage des Zeiterlebens in der Depression ist bisher noch schlecht untersucht. Eine Theorie des Zeiterlebens kann auch nicht unabhängig von einer Affekttheorie entwickelt werden und umgekehrt. Scher (1970) sieht das Erleben der Zukunft in der Form gestört, daß die Zukunftsperspektive alle Elemente der Offenheit, der Spontaneität und der Hoffnung verliert.

d) Wir haben schon an anderer Stelle dieses Buches betont, daß wir es bedauern, keine moderne Theorie der Wahrnehmung zur Diskussion dieser Fragen präsentieren zu können. Zusammenfassend geht jedoch unsere Erkenntnis dahin, daß Wahrnehmen nicht unabhängig vom menschlichen Handeln selbst gesehen werden kann und damit ein ungeheuer aktiver Prozeß ist. Wahrnehmen heißt, Umwelt zu konstruieren und nicht, Umwelt passiv zu erleben. Zu diesem Aspekt der Wahrnehmung hat vielleicht jeder dann Zugang, wenn er sich seiner Traumerlebnisse erinnert. Depressive Wahrnehmungsstörungen können bis zu schweren halluzinatorischen Erlebnissen führen, in denen man entsprechend der depressiven Grundlogik Grauenhaftes, Schreckliches, Belastendes und Angsterzeugendes hört, schmeckt, fühlt oder sieht.

(3)

Somatisch erlebte und gelebte Depressionssymptome:

a) Durch hormonelle und nervöse Umstellung des Organismus in der Depression können anlagen- oder lebensgeschichtlichbedingte Körperprobleme plötzlich akut werden oder sich verschlechtern (z. B. Herzrhythmusstörungen, Störungen der Haut, Störungen des Magen-Darmtraktes usw.). Für die diagnostische Bewertung sind diese Störungen ohne Bedeutung, für die ärztliche Betreuung in der Depression jedoch von großer Wichtigkeit.

b) Die unter Punkt (2) angeführten Änderungen der Selbstinterpretation in der Depression und die daraus folgenden Änderungen in der subjektiven Gefühlswelt führen zu einer Menge von Körpersymptomen, die in Wirklichkeit nonverbaler Ausdruck der entsprechenden Gefühlssituation sind. Diese sind leicht zu verstehen, da zum ersten unsere Sprache eine Fülle entsprechender Redewendungen enthält, und zweitens, da jeder von uns in Ohnmachtssituationen (z. B. Prüfungen) solche Phänomene erlebt. Nur sind solche Körperphänomene, die bei Belastungssituationen vielleicht Stunden oder höchstens Tage anhalten, in der Depression ein Phänomen über die ganze Länge der Depression hinweg. Eigenartigerweise werden die meisten dieser nonverbalen Phänomene als unangenehm empfunden. Wir bringen hier nur Beispiele von unangenehmen nonverbalen Äußerungen, da nur diese für die nervenärztliche Bewertung von Interesse sind.

Denken Sie an Redewendungen unserer Muttersprache wie: ‚Es bleibt mir die Spucke weg', ‚das Herz schlägt mir bis zum Hals', ‚es liegt mir ein Stein auf dem Herzen', ‚ich bekomme keine Luft', ‚ich kann nicht durchatmen', ‚mir ist zum Kotzen', ‚mir steckt ein Knödel im Hals', ‚ich fühle mich beengt', ‚ich habe ein flaues Gefühl im Magen', ‚ich zittere wie Espenlaub', ‚es stellt sich mir das Haar auf' und viele andere mehr. Sehr häufig wird auch Schwitzen in verschiedener Form beobachtet. Ein ganz häufiges Phänomen ist das depressive Frieren; denken Sie dabei an Ausdrücke wie „kalte Atmosphäre", „frostige Begegnung" oder „mir laufen die kalten Schauer über den Rücken".

Sehr häufig sind auch Schmerzsyndrome. Diese Schmerzsyndrome haben offenbar eine sehr komplexe Entstehungsgeschichte. Sie sind sicher auch dadurch bedingt, daß die Selbstbeobachtung und die Schmerzschwelle bei vielen Depressiven verändert wird. Eine ganz prominente Rolle spielen dabei depressive Haltungsänderungen und Muskelverspannungsneigungen, die dann über Wirbelsäulensyndrome von Schwindelzuständen, Kopfschmerzen, über Herz- und Brustschmerzen zu verschiedensten Formen der Gliederschmerzen führen können. Schmerzen können natürlich auch eine symbolische Bedeutung haben, nicht umsonst spricht man von ‚Herzeleid' oder sagt, ‚mir tut das Herz weh'.

Alle diese Beschwerdebilder, die in vielen Fällen die Depression total dominieren und eine mögliche Diagnose zudecken, entstehen unserer Meinung nach als nonverbale Begleiterscheinungen von depressiver Ohnmacht und Wut, von Zuständen der Angst und der Verzweiflung, von depressiven Fluchttendenzen usw. Wenn diese Symptome im Vordergrund stehen, führt dies sehr oft dazu, daß die Patienten ein Verhalten entwickeln, das von Arzt und

Krankenschwester als lästig empfunden wird. Andererseits ist man natürlich in diesem Zustand auch oft Versprechungen der Hilfe durch ärztliche und nichtärztliche Gruppen besonders hoffnungsvoll aber auch wehrlos ausgeliefert.

c) Schlaf: In depressiven Verstimmungen beginnt man entweder zu viel zu schlafen, oder der Schlaf ist in gegenteiliger Weise gestört. Wenn man ein erhöhtes Schlafbedürfnis hat, dann führt dies ja meistens zu keinen besonderen Komplikationen, außer daß man vielleicht als „müder Bruder" verspottet wird. Schlafstörungen in Richtung der Störung des Schlafenkönnens und der Erquikkung, die man sich vom Schlaf erwartet, sind hingegen eine oft qualvolle Begleiterscheinung der Depression. Am häufigsten finden sich sogenannte Durchschlafstörungen; darunter versteht man, daß man noch relativ gut einschläft, auch die ersten Stunden vielleicht fest durchlafen kann, aber gegen den Morgen hin immer wieder aufwacht, vielleicht gar nicht mehr einschlafen kann oder schlecht schläft und sich im Bett herumwälzt. Natürlich kann auch die Depression zu Störungen des Einschlafens führen, zumal in schweren Fällen fast der ganze Schlaf ausbleiben kann. Häufig findet man auch das Phänomen, daß man zwar die ganze Nacht durchschläft, aber am Morgen das Gefühl hat, kein Auge zugetan zu haben, geschweige denn, daß man sich erholt fühlt. Zu Beziehungsproblemen mit der Umgebung führt häufig das Phänomen der depressiv bedingten paradoxen Tag-Nacht-Rhythmen; in diesem Fall ist man abends und nachts voll munter und verschläft dann den ganzen Tag.

Schwere Schlafstörungen sollen immer ärztlich behandelt werden. Schlafstörungen sind vor allem auch deshalb in die Hände des Arztes zu legen, weil sie häufig zum suchtartigen Mißbrauch von Medikamenten führen.

d) Appetit- und Eßverhalten: Auch der Appetit kann gesteigert sein oder verloren gehen. Die Steigerung des Appetits kann zu schweren Gewichtsproblemen und damit indirekt zu Gesundheitsproblemen führen, zumal in der Depression in diesem Zusammenhang leicht eine Tendenz zu Süßigkeiten in den Vordergrund tritt. Aber auch eine Bevorzugung von sauren oder bitteren Speisen kann beobachtet werden und dient der Angleichung von Erleben und Erlebnis. (Wir verweisen auf die Redewendung ‚bittere Erfahrung', ‚herbe Enttäuschung', ‚in den sauren Apfel beißen' usw.). Das totale Fehlen des Appetits oder gar der Ekel vor der Nahrungsaufnahme kann zu sehr rascher Gewichtsabnahme führen. Andererseits wird oft alles Essen nur als quälend empfunden, und man nimmt mit mehr oder weniger Selbstüberwindung das Lebensnotwendige zu sich.

Des Zusammenhanges wegen soll hier und nicht am Ende der Arbeit darauf hingewiesen werden, daß schwerste Störungen im Appetitverhalten (Heißhunger und Magersuchtsprobleme) offenbar mit Stimmungsschwankungen verbunden sind. (Hudson, 1983, Casper, 1980) Die Störung des Heißhungers und der Aufnahme von großen Mengen von Nahrungsmitteln in kürzester Zeit ist sehr oft gleichzeitig mit einer Verweigerung der Nahrung und dem Versuch, eine Gewichtszunahme mit allen Mitteln (Erbrechen, Abführmittel usw.) zu vermeiden, verbunden. Interessanterweise gehen auch relativ häufig kleptomanische Verhaltensweisen damit einher.

e) Regelstörungen: In der Depression kann es zu einem Aussetzen oder zu sonstigen Störungen der Menstruation kommen. Dieses Phänomen ist so häufig, daß man in Fachkreisen der Psychiatrie lange glaubte, Regelstörungen könnten eine Ursache von psychiatrischen Störungen sein; auch in der Volkspsychologie gibt es eine Reihe von Anschauungen, die in diese Richtung weisen (man glaubte, das Blut steige zum Kopf und führe dort zur Verwirrung). Die Fragestellung ist nach wie vor wichtig, weil massivere Medikamentationen doch günstigerweise eine Schwangerschaft ausschließen müssen und weil sich auch Probleme im Zusammenhang mit einer hormonellen Empfängnisverhütung ergeben können. Es sei dabei vielleicht noch vermerkt, daß ein großes Problem der sogenannten Antibaby-Pillen darin besteht, daß sie bei vielen Personen zur Auslösung von Depressionen führen können. Alle diese Probleme erfordern heute aber doch ein so großes Fachwissen, daß man sie am besten in die Hände der entsprechenden Fachärzte legt.

(4)

Wir wollen hier noch einige Probleme der depressiven Verstimmung aufzeigen, die sich schwer in die vorhergehenden Punkte einordnen lassen, obwohl sie natürlich mit diesen zusammenhängen.

a) Körperpflege: Wegen seiner Bedeutung in der transkulturellen Diagnoseforschung und weil die entsprechenden Symptome oft zu einer diagnostischen Mißinterpretation führen, aber auch, weil

Störungen im Reinigungsverhalten zu vielfältigen zwischenmenschlichen Problemen führen können, sei nur kurz folgendes vermerkt: Allen Tieren ist offenbar eine ungeheure Palette von Verhaltensweisen der Körperpflege angeboren (denken Sie nur an Vögel oder Katzen oder die Fliegen am Fenster). Beim Menschen mögen kulturelle Faktoren eine große Rolle spielen, trotzdem bleibt es auffällig, daß bei Stimmungsschwankungen häufig auch Störungen des Reinigungsverhalten auftreten, wie z. B. zwanghafte Tendenzen zur Reinigung (verschiedene Waschzwänge) oder auch Verwahrlosungstendenzen auf diesem Gebiet (Desinteresse an den verschiedenen Aspekten der Körperreinigung).
Sicher kann z. B. ein gesteigertes Reinigungsverhalten auch einmal kein unmittelbares Depressions-Symptom sein, sondern sich aus der Befürchtung vor Beschmutzung oder aus der Angst vor Ansteckung ergeben. Wie dann so eine Störung konkret zu einem Familienproblem werden kann, ist am besten an Fällen zu illustrieren, bei denen außer dem Kranken kein Familienmitglied mehr Zugang zu warmem Wasser hat, weil regelmäßig um 10 Uhr vormittags die Boilerleistung aufgebraucht ist.
b) Wegen des Risikos, daß der Depressive „freiwillig" aus dem Leben scheidet, ist jede Depression prinzipiell eine lebensgefährliche Erkrankung. Zu diesem Problem und zu der häufigen Symptomatik von Selbstmordtendenzen verweisen wir auf die Arbeit von Dr. Mitterauer in diesem Buch.

(5)

Wie wir in der Arbeit zum Thema Streß und seelische Verletzung ausgeführt haben, ist der Mensch gezwungen, auf das Erlebnis einer depressiven Verstimmung mit Selbstreparaturmechanismen zu antworten. Die Möglichkeiten von sogenanntem antidepressivem Verhalten scheinen dabei sehr vielfältig zu sein: Allerdings ist oft schwer zu entscheiden, ob es sich dabei um ein primäres Depressionssymptom oder tatsächlich um die persönliche Antwort auf das Erlebnis der Depression handelt. Auch Verhalten in diesem Zusammenhang kann neben seinen depressionsmildernden Wirkungen zu problemhaftem Verhalten werden. Im wesentlichen werden drei Strategiegruppen verwendet: Selbstinstruktion, Sich-zurückziehen-von-Aktivitäten, Gesteigertes Engagement und Sich-in-Aktivitäten-stürzen (Breier und Strass, 1983).
Die folgenden Gedanken haben wir anhand der Arbeiten von

Parker und Brown (1982) und Abroms (1981) geordnet: Da depressive Symptome als qualvoll, entwürdigend, sozial riskant und die Selbstsicherheit bedrohend empfunden werden, werden sie meist unbewußt abgewehrt und unterliegen auch einer charakterologischen Transformation. Diese „Umhüllung“ der Depressionssymptome mit Selbstverteidigungsmechanismen trägt außerordentlich viel dazu bei, daß viele Depressionen so versteckt ablaufen und schwer zu erkennen sind. Abroms (1981) zählt folgende hauptsächlichen Verteidigungscharaktere auf:

1. Eine Reaktionsformation, die sich als übertriebene Beteuerung einer guten Stimmungslage und als ganz allgemeine gespielte Tapferkeit präsentiert.
2. Zwanghafte Antriebe, die zu kompensatorischer Geschäftigkeit führen und zur Ritualbildung, wie wir sie z. B. in der Arbeitsbesessenheit oder im physikalischen Fitnessfanatismus beobachten können.
3. Passive Aggression.
4. Impulsives Ausagieren von oraler Abhängigkeit und Aggression, was zu Promiskuität, suchtartigem Verhalten und Instabilität von Beziehungen führen kann.
5. Emotionale Distanzierung.
6. Somatisierungen, die in einer Vielfalt psychophysiologischer Dysfunktionen und Schmerzsyndrome resultieren. Zu diesem Punkt eine Zusatzbemerkung: Die Abwehr erfolgt wohl eher so, daß man vom oben geschilderten vielfältigen Bild depressiver Verhaltensänderungen diese Körpersymptome als am wenigsten diskriminierend auswählt. Die Bedeutung dieser Vorgangsweise für die medizinische Alltagspraxis kann nicht genug betont werden (Wilson, 1983).
7. Zwanghaft ängstliche Verlagerung der Depressionsprobleme auf Personen, Situationen und Aktivitäten (man fürchtet z. B. daß einem lieben Menschen etwas zustößt, man legt Bedrohung und Gefahr in Situationen und Aktivitäten usw.).

Alle diese charakterologischen Abwehroperationen sollen dem von der Depression Betroffenen helfen, depressive Affekte und Gedankengänge abzuschirmen.

Parker und Brown (1982) richten ihr Augenmerk auf scheinbar einfachere Verhaltensweisen, die sie auf ihre Bedeutung als antidepressive Abwehrmittel untersuchen. Nur diejenigen Mechanismen, die als effektiv empfunden werden, wollen wir hier erwähnen. Als besonders effektiv werden gewertet: Gebet, sich auf neue

Arbeit oder Aktivität stürzen, Suche nach Wärme (in der Sonne sitzen, ein warmes Bad nehmen), sich in bewährte freundschaftliche Bindungen flüchten, sich Rat holen, Musik hören, sich einfach beschäftigen, sich ablenken, sich dem Problem wie einem Feind stellen und es durchdenken, sich um sein physisches Äußeres sorgen und sich für neue Aufgaben berufen lassen. Als weniger effektiv aber ebenfalls wertvoll werden angesehen: Sich dem TV-Programm hingeben, Aktivitäten setzen, die die Aufmerksamkeit der Mitmenschen auf einen richten, einen Arzt oder andere professionelle Hilfegeber aufsuchen, eine neue Beziehung starten, lesen, Gruppenaktivitäten setzen, Alkohol trinken und Geld für sich selbst ausgeben.

Es mag vielleicht verwundern, die geschilderten Aktivitäten im Zusammenhang mit Eigenbehandlung der Depression zu sehen. Bedenken Sie dabei bitte, daß damit nicht behauptet wird, diese Aktivitäten seien nur auf dem Hintergrund der Depression zu werten. Wie wir oben die Mehrdienlichkeit körperlicher Funktionen im Rahmen der nonverbalen Kommunikation betont haben (man weint, um das Auge zu spülen, man benötigt die Tränen, um die Hornhaut vor Austrocknung zu schützen, aber man weint auch aus Zorn und Freude, aus Trauer und Gram), genauso müssen wir mit Nachdruck darauf hinweisen, daß das gleiche psychische Handlungsrepertoire in ganz verschiedenen Zusammenhängen eingesetzt werden kann (man kann eben in der Depression zur Depressionsabwehr lesen, und es sind uns einige solche Fälle persönlich bekannt; man kann aber auch aus einer manischen Steigerung des Interesses und aus unzähligen anderen Gründen sich verstärkt dem Lesen zuwenden).

ERSCHEINUNGSBILD DER MANISCHEN GRUNDSTIMMUNG

Gleich wie bei der Depression ist auch hier einleitend festzustellen, daß natürlich die ganze Lebensgeschichte, das ganze Persönlichkeitsprofil und die Situation, in der man steht, voll in die konkrete subjektive Ausgestaltung der manischen Grundstimmung eingehen. Das Ausmaß der Stimmungsverschiebung ist wiederum kein Maß für die Vorteilhaftigkeit oder Problembehaftetheit dieser Form der Verstimmung. Wir versuchen auch hier, entsprechend dem bei der Depression benützten Schema, Ihnen

eine Vorstellung von der Richtungsänderung menschlicher Handlungsdynamik in der maniformen Grundstimmung nahezubringen.
In der manischen Grundstimmung, gleichgültig in welcher Intensität, kommt es offenbar umgekehrt wie in der Depression bei den menschlichen Entscheidungslogiken zu einer Dominanz der unmittelbaren Realisierung der Vielfalt seelischer und körperlicher Bedürfnisse und Talente in Form von Antrieben, von Phantasie, von Sehnsucht und von vielfältigen Versuchen der Gestaltung von konkreter Beziehung zu sich selbst, zu Mitmenschen und zur Umwelt ganz allgemein. Die Operationsstile der kritischen Selbstbeobachtung und Selbstbewußtmachung treten dabei im Gegensatz zur Depression zurück. In einer Paraphrasierung dominiert hier die These: „Ich kann, was ich kann". Dieses Denken in gegensätzlichen Logiken liegt durchaus im Trend der derzeitigen Entwicklung auf dem Gebiet der systemtheoretisch orientierten Psychologie. Mit Apter (1981) muß man feststellen, daß alle Konzepte, die mit dem Homöostasebegriff verbunden sind, eine sehr vereinfachende Form des Theoretisierens darstellen. Alle lebenden Systeme müssen unter dem Blickwinkel der Bistabilität und Multistabilität betrachtet werden, will man an die beobachtete Realität auch nur einigermaßen herankommen. Stimmungsschwankungen sind eine Facette biologischer Bi-(Multi-)Stabilität.

(1)

In der Manie ist man im Antrieb gesteigert, alle Fähigkeiten und Leistungen des Körpers und des Gehirns stehen einem voll und unmittelbar zur Verfügung, und Entscheidungsunsicherheit kennt man nicht. Leider gibt es kein Wort dafür, aber man ist das Gegenteil von handlungsgelähmt, also im Übermaß handlungs- und selbstverwirklichungsfähig. Dies kommt subjektiv sehr unterschiedlich, aber insgesamt in folgender Weise zum Tragen:
a) Man fühlt sich im totalen Kontrast zur Depression meist frisch und leistungsfähig, das körperliche Wohlbefinden garantiert scheinbar perfekte Funktion und einen unerschöpflichen Vorrat an Energie und Leistungsfähigkeit: Ausdauer, Ideenreichtum und Wagemut fallen oft im sportlichen oder Hobbybereich besonders auf.
b) Wenn man von schweren Verstimmungsbildern absieht, bei denen schon der Ansatz zu einem Willensakt sofort zum unkon-

trollierten Tätigwerden gerät und damit sehr häufig zu einem ungeordneten Betätigungsdrang und zu einer chaotischen Handlungsorganisation führt, dann ist die manische Grundstimmung durch eine echte und außerordentliche Leistungsstärke charakterisiert. Diese Leistungsstärke wird natürlich dann, wenn die Sprunghaftigkeit dominiert, nicht gerade als Willensstärke definiert, da wir dem Begriff der Willensstärke auch eine gewisse systematisch geordnete Beharrlichkeit zuschreiben müssen. Das Interesse an der Welt ist voll vorhanden und reicht von der schlichten gesteigerten Neugier bis zu Besessenheit auf einzelnen Gebieten und zur außerordentlichen Sprunghaftigkeit im Wahrnehmen, Denken, Fühlen und Handeln.

c) Die Wahrnehmung ist bei leichter und durchschnittlicher Stimmungsverschiebung ohne Zweifel in den meisten Qualitäten hervorragend. Reaktionsschnelligkeit und breite Offenheit der Wahrnehmung sind charakteristisch.

Die Wahrnehmung kann auch qualitativ sehr verändert sein; wir haben z. B. manisch-depressive Personen erlebt, die in der Depression fast farbblind waren und in der Manie die Welt in außerordentlicher Buntheit und intensiver Farbenpracht erlebten. Auch in maniformen Zuständen kann es zu halluzinatorischen Erlebnissen kommen, die hier eben herrliche Qualitäten aufbauen (wunderbare Erlebnisse im Bereich des Sehens, man hört Engelschöre, Wohlgeruch breitet sich aus usw.).

d) Denken, Gedächtnis, Kreativität usw.: In normalen und leicht manischen Verstimmungen, also solange die Flüchtigkeit und Sprunghaftigkeit nicht einschränkend oder gar schwer störend durchbricht, fällt das Denken leicht, und man kann sich blitzartig konzentrieren. Das Gedächtnis und die Merkfähigkeit können bis zur Gänze subjektiver Möglichkeit ausgeschöpft werden; was verständlich wird, wenn man bedenkt, daß das Gedächtnis höchstwahrscheinlich nicht auf der Speicherung von Daten beruht, sondern im Aufbau von Prozeduren liegt, die vergangene Situationen ungefähr wiedererzeugen (produzieren und reproduzieren) können.

e) Kommunikation und Sprache:

Auch hier wieder – unter der Voraussetzung, daß die Beschleunigung der Dynamik der Verhaltensorganisation nicht zu groß ist – Steigerung der persönlichen Fähigkeiten in brillanter oder riskanter Weise. Viele Menschen besitzen in der manischen Grundstimmung eine außerordentliche Wortgewalt und ein Talent zur Ver-

führung durch Sprache, das man normalerweise nicht bei ihnen vermuten würde. Derselbe Mensch, der in der Depression stottert, kann in manischen Grundstimmungen einen nicht zu unterbrechenden Redefluß aufweisen. Zusammenfassend kann man sagen, „man ist in der Manie nicht auf den Mund gefallen". Tendenzen, sich gewählt auszudrücken oder die Schriftsprache zu verwenden, sind genauso vorhanden, wie übermäßiger Gebrauch von Fremdworten und Zitaten. Schlagfertigkeit und Witz bis zur beleidigenden Bloßstellung und Witzelsucht sind nicht selten.
Der Kommunikationshunger ist groß, und die Kommunikationsfähigkeit, vor allem auch nonverbal, ist gut bis hervorragend. Die Mitteilungskraft und Verführungsmacht, die man in manischen Zuständen entwickeln kann und die beileibe nicht nur auf sogenannte schwache, beeinflußbare Personen wirken, sollen wegen der besonderen Bedeutung ein zweites Mal erwähnt werden. Die besondere Fähigkeit der Steuerung einer mitmenschlichen Beziehung in der Manie mündet oft geradezu in ein gefährliches Ausmaß der Überredungskunst, wie es sich in der Verführung zu unüberlegten Käufen, zu sexuellen Abenteuern, zu sinnlosen Aktivitäten und zu verfehlten Unternehmungen (finanzieller, politischer, beruflicher, ökonomischer, sportlicher Natur) ausdrückt. Bei ausgeprägteren Verschiebungen in Richtung manischer Stimmungslage wird aber die manische Kommunikationswut meist als Oberflächlichkeit und als Scheinbegegnung empfunden. Dies auch deshalb, weil man in manischen Verstimmungen sehr häufig nicht in der Lage ist, im Spiel kommunikativer Wechselbeziehung gemeinsame Handlungskonzepte aufzubauen. Man neigt deshalb dazu, sicher meist vollkommen ungewollt, den Mitmenschen in der Beziehung zu mißbrauchen. Häufig entartet das manische Kommunikationsbedürfnis auch zur Distanzlosigkeit. Mitmenschliche Beziehungsmuster wie bekannt – unbekannt, vorgesetzt – untergeben, älter – jünger, gleiches Geschlecht – anderes Geschlecht usw. werden dabei oft nicht mehr berücksichtigt, was zu schwerwiegenden negativen Folgen für den unter einem manischen Zustandsbild Leidenden führen kann. Diskretion ist in der Manie meist nicht zu gewährleisten.
Auch im Bereich der Sexualität tritt diese Leichtigkeit und der Hang zu kommunikativer Begegnung voll zutage. Die Bandbreite reicht dabei von beglückender Gestaltung der Partnerschaft über sexuelle Enthemmung und Maßlosigkeit bis zu personfremdem perversem und kriminell sexuellem Verhalten.

In schweren klinischen manischen Zuständen kommt es zu massiven Störungen im Sprachverhalten und in der Kommunikation, die durch Jahrzehnte eine Quelle der Fehldiagnose der Schizophrenie dargestellt haben (Andreasen, 1979).
Zum Verständnis der mitmenschlichen Begegnung ganz allgemein und der Manie im besonderen ist folgender Kommentar wichtig: Im Hinblick auf die mitmenschliche Begegnung muß man mit Sicherheit zwei prinzipiell unterschiedliche Handlungsstile klassifizieren:

1. einen Handlungsstil, der sich auf den Mitmenschen in der Form richtet, daß dieser mehr oder weniger bedingungslos angenommen wird (akzeptiver Stil).
2. Ein Stil, der ebenfalls eine aktive Beziehung zum Du darstellt, der aber nicht unter dem Programm der Annahme des Mitmenschen, sondern unter einem Programm der Zurückweisung, der Ablehnung und vielleicht sogar der gewollten Vernichtung desselben abläuft (rejektiver Stil).

Diese Feststellung halten wir deshalb für so wichtig, weil es Verhaltensweisen gibt, die offenbar eindeutig maniegebunden sind, aber durch Jahrzehnte als Schizophrenie, Psychopathie usw. verkannt wurden. Phänomene der Nahrungsverweigerung, des Schweigens und sonstiger Formen der Ablehnung und des Distanzierens wurden häufig beobachtet. Man sprach dann ganz allgemein von Negativismus und Autismus. Wenn diese Begriffe nicht mit so irrigen Schlußfolgerungen belegt worden wären, wären sie ja nicht einmal so falsch, denn das Ich betont in diesem Fall sich selbst, und der Mitmensch wird dabei aktiv verneint. Der Wirklichkeit näher bringt uns aber vermutlich der Hinweis, daß sich Hungerstreiks und Schweigen als letzte Mittel aktiven Handelns auch im Normalbereich darstellen, sofern man in entsprechende Situationen subjektiver und objektiver Ohnmacht gerät.
Wir haben in einer anderen Arbeit dieses Buches Wut, Zorn und Aggression mit einer Theorie der Kommunikation oberflächlich in Zusammenhang gebracht. Wir können hier auf diese so wichtigen Phänomene nicht genauer eingehen, weil wir, um Mißverständnisse zu vermeiden, lang und breit über das Wesen der Aggression sprechen müßten. Zornmütige manische Zustände sind häufig und ein großes Problem. Aggressive Phänomene können aber auch in der depressiven Stimmungslage vorherrschen. Maniforme Wutphänomene sind meist sehr destruktiv und zielgerichtet und entfalten sich deshalb in der ganzen Vielfalt mitmenschlicher Dramen.

Eine mildere Form der Aggression in der Manie mag durchaus im häufigen „manischen Talent“ zum Zynismus gegeben sein.

(2)

Im Hinblick auf die thematisch inhaltlichen Elemente menschlichen Handelns können wir wieder eine Art Spiegelbild zur Depression feststellen:

a) Üblicherweise kommt in manischen Zuständen die ganze Vielfalt menschlicher Daseinsthematik nebeneinander zum Tragen. Dies allerdings mit der Einschränkung der Existenz von Persönlichkeiten, die in ihrer Daseinsthematik lebensgeschichtlich in verschiedenster Weise eingeengt sind. Weitere Einengungen sind natürlich durch Weltanschauungen und Ideologien, die dem manischen Verhalten unterliegen, denkbar.

b) Die jeweils aktualisierten Selbstverwirklichungsthemen werden unter Hypothesen der Allmächtigkeit, der Unverwundbarkeit, der Sicherheit, der Erfolgsgewißheit, der Unwiderstehlichkeit, der Unfehlbarkeit, der Selbstgerechtigkeit, der Auserwähltheit usw. in Szene gesetzt.

Wie bei der Depression kann auch hier eine Ausarbeitung in wahnhafte Wirklichkeitsverzerrungen führen. Solange es sich nur um leichte Ideen der Größe und nicht um Wahnideen der Größe, die bis zur Depersonalisation führen (Kaiser von China, ein Heiliger usw.), handelt, kann man auch durchaus persönlich davon profitieren, vor allem dann, wenn die Idee in Richtung Auserwähltheit und Berufung geht. Nach Karson (1980) kann man diese Größenideen in solche teilen, die sich mit einer besonderen Fähigkeit befassen, die man besitzt, dann in solche, daß man eine besondere Rolle spielt, oder gar in solche, bei denen man an eine ganz besondere personfremde Identität denkt. Es gibt hier vom Inhalt, von der soziokulturellen Einbettung, von der Abkunft, von der Geschwisterreihe, vom Beruf und vom Geschlecht her sehr große Unterschiede in der Wahl der Größenideen. In unserer Zeit, in der vor allem Werte des Geldes, der Sexualität und der Intellektualität dominieren, werden vor allem Wahnideen in dieser Richtung hervorgespült.

(3)

Im allgemeinen besitzt man in der Manie ein außerordentliches subjektives körperliches Wohlbefinden, man erfreut sich an

Schmerzfreiheit und strotzt von körperlicher Kraft. Die körperliche Belastbarkeit ist groß, die Kondition oft trotz mangelnden Trainings ungeheuer gut.

a) Zum Thema der Auslösung von angeborenen Körperproblemen in der manischen Umstimmung können wir nichts sagen, da dieses Thema einfach wissenschaftlich nicht untersucht ist. Es sei aber darauf hingewiesen, daß schwer körperlich erkrankte Menschen in manischen Zuständen sich oft nicht der notwendigen Schonung und Therapie unterwerfen und die Krankheit bagatellisieren. Dies kann z. B. im Krankenhaus problematisch werden.

b) Die nonverbalen Körpersymptome der manischen Gefühlswelten sind offenbar weitestgehend körperlich angenehm. Innere Unruhe, erhöhte Wachheit und motorische Getriebenheit können aber auch zu körperlich unangenehm empfundenen Spannungszuständen führen. Auch hier ist festzuhalten, daß es keine entsprechenden Forschungen gibt.

c) Der Schlaf ist meist erquickend, häufig ist ein außerordentlich reduziertes Schlafbedürfnis zu beobachten (nur wenige Stunden). In schweren Fällen kann man auch totale Schlaflosigkeit und schwere Ruhelosigkeit beobachten.

(4)

Auch hier sollen einige Probleme geschildert werden, die schlecht in unser Schema einzuordnen sind.

a) Die Frage der subjektiven Reaktion auf das Erlebnis einer manischen Verstimmung ist wissenschaftlich nicht untersucht und dadurch nur sehr hypothetisch zu beantworten. Wenn man in einem langjährigen Erfahrungsschatz an Krankheitsbildern nachforscht, dann könnte man vielleicht folgende Phänomene als Abwehrmechanismen im Hinblick auf unangenehm, ungewohnt und bedrohlich erlebte Aspekte eines manischen Zustandes nennen: Gefühle des Überraschtwerdens, der betonten Bescheidenheit, depressiv anmutender Vorsicht, des kontrollierten Erfreutseins, der mitmenschlichen Verachtung usw. könnten durchaus als Copingstile interpretiert werden. Diese kontrollierende Umhüllung der manischen Kernsymptomatik mit persönlichen Stilen der Selbstreparatur sind von außerordentlicher Bedeutung, um die maniforme Handlungsmacht für sich positiv ausnützen und die daraus erwachsenden Probleme in Richtung Gefahrlosigkeit managen zu können.

b) Wegen der besonderen Wichtigkeit muß noch einmal betont werden, daß die Arbeitsleistung bei gleichem Ausmaß der Stimmungsverschiebung bei der einen Person glänzend sein kann, bei der anderen oberflächlich unbrauchbar. Die Steigerung kreativer, aber auch risikoreicher Unternehmungslust und Zukunftsplanung verbunden mit der großen Entscheidungsfreude kann, wie wir noch sehen werden, ebenfalls oft erst nach langer Zeit als positiv oder negativ für die betroffene Person gewertet werden.

STIMMUNGSSCHWANKUNG UND BIORHYTHMUS

Wenn wir von Biorhythmen sprechen, dann beziehen wir uns nicht auf die derzeit gängigen Ideen zum rhythmischen Wechsel von Hoch und Tief im emotionalen und intellektuellen Bereich. Diese wurden bereits auf ihre psychiatrische Relevanz hin untersucht und als nicht aussagekräftig befunden (Winstead et al., 1981). Hoch und Tief ist ganz generell nicht die richtige Bezeichnung für die manische und die depressive Grundstimmung; diese Ausdrücke suggerieren eine falsche Problemsicht. Wir wollen Sie einfach auf Phänomene aufmerksam machen, die Sie selbst mehr oder weniger stark erfahren und die eine Folge der Tatsache sind, daß Leben in Zeit abläuft. Der Reichtum menschlichen Handlungsvollzugs kann sich nicht auf einmal darstellen, sondern nur nacheinander. Außerdem müssen wir uns an periodische Änderungen der Umwelt anpassen. Die Konzentration auf diese Punkte mag wie eine Unterbrechung unseres Gedankenflusses erscheinen, aber für unsere Diskussion der Frage, wie Stimmungsschwankungen im Leben problemhaft werden können, sind die vorgetragenen Überlegungen von besonderer Wichtigkeit.
Wir widmen uns hier also dem auffälligen Phänomen, daß schwere oder leichtere Verschiebung in Richtung manischer oder depressiver Stimmung häufig an biologische und kosmische Rhythmen gebunden sind. Dies weist wiederum auf eine normale Funktion manischer und depressiver Grundstimmungen hin. Da die Frage der Dauer und des Verlaufs von Verstimmungszuständen eng mit diesem Thema verbunden ist, werden diese Aspekte hier ebenfalls flüchtig mitbehandelt. Aus Platzmangel und der Klarheit halber können wir hier nur einige ganz offenkundige periodische Phänomene besprechen.

Schlaf-Wachrhythmus (24-Stunden-Rhythmen):

Der Mensch trägt angeborenerweise eine innere Uhr in sich, die auf ungefähr 24 Stunden eingestellt ist und damit mit der Dauer der Erdumdrehung und dem Tag-Nacht-Rhythmus konform geht. Diese rhythmische Steuerung wirkt sich wie auch alle anderen rhythmischen Steuerungen auf alle Aspekte menschlichen Lebens von der Zellchemie bis zum psychischen Verhalten aus (Rusak und Zucker, 1979). In körperlichen Anpassungsproblemen an die Zeitverschiebung bei Flugreisen und am Phänomen des Abend- und Morgenmenschen können Sie das Problem deutlich beobachten. Dieser 24-Stunden-Rhythmus ist aber auch für das Auftreten und die Symptomatologie von Stimmungsschwankungen von großer Wichtigkeit. Auf Störungen im Schlaf-Wach-Rhythmus haben wir Sie bereits oben aufmerksam gemacht.

Ein praktisch nicht zu unterschätzendes Phänomen in diesem Zusammenhang ergibt sich aus der Tatsache, daß die depressiven Hemmungssymptome vor allem am Morgen und in den Vormittagsstunden im ganzen Ausmaß durchbrechen. Dieselbe depressive Frau, die in normal oder leicht gehobener Grundstimmung um fünf Uhr früh aufsteht und sich voll in die Aufgaben ihres Haushaltes vertieft, liegt in der Depression bis Mittag im Bett und kann durchaus dann nachmittags einigermaßen arbeitsfähig sein. Es gibt sogar das Phänomen einer ausgeprägten Stimmungsschwankung, bei der man im letzten Nachtdrittel und am Vormittag depressiv und nachmittags und am Abend eher hypomanisch ist. Diese 24-Stunden-Rhythmen teilen sich normalerweise in eine Wach- und eine Schlafphase, die sehr individuell verteilt sein können. Diese Phasen sind aber in sich wiederum periodisch unterteilt. Es konnten auch nur wenige Stunden dauernde Zyklen von manischen und depressiven Verstimmungen beobachtet werden. Inwieweit das Phänomen der Stimmungslabilität, also das Problem ganz raschen Stimmungswechsels, damit zusammenhängt, vermögen wir nicht abzuschätzen. Ohne Zweifel werfen aber gerade solche kurzfristigen Stimmungsschwankungen für den Betroffenen und für die Mitmenschen eine Vielfalt von Problemen auf. Sie werden meist als Unberechenbarkeit gewertet und damit moralischen Urteilen in Richtung Charakterschwäche unterworfen.

Von Stimmungslabilität spricht man allerdings nicht nur bei stundenweisen Wechseln, sondern auch bei kurzfristigen Wechseln von einem Tag auf den anderen. Der rasche Wechsel zwischen depressiver und maniformer Aktions- und Reaktionsbereitschaft wirft natürlich neben dem Risiko der erwähnten moralischen Aburteilung eine Fülle anderer Probleme auf, die immer dann besonders gravierend sind, wenn der Betroffene nicht selbst Herr seiner Tagesgestaltung ist. Das Phänomen muß relativ häufig sein, denn man kann es bei genauerem Hinschauen bei vielen psychiatrischen Patienten zumindest zeitweise finden, und es gibt auch einen Dialektausdruck im Lande Salzburg, der dieses Phänomen exakt beschreibt. Dieser Ausdruck heißt „zwoaboisig" und meint übersetzt, daß ein Mensch sich eine Weile so und eine Weile so verhält. Ein hervorragender Dialektkenner hat uns dahingehend aufgeklärt, daß man diesen Ausdruck nur gebrauchen könne, wenn der Wechsel in Stunden oder wenigen Tagen erfolgt. Auch das Goethesche „himmelhoch jauchzend, zum Tode betrübt" ist wohl hier anzusiedeln.

28-Tage-Rhythmen:

Eine Fülle von Beobachtungen weist auf die Rolle von Rhythmen mit einer Dauer von ungefähr 28 Tagen hin. Im wesentlichen handelt es sich dabei um Rhythmen, die mit den Mondphasen bzw. mit dem Zyklus der Frau im gebärfähigen Alter konform gehen. Zu der Abhängigkeit menschlichen Verhaltens von Mondphasen gäbe es eine Menge zu berichten (Lieber, 1980).
Häufig kann man bei uns beobachten, daß mit den Mondphasen die Aktivität und das Schlafbedürfnis wechseln. Man sieht auch öfters Menschen, die ihre Stimmung in diesem Zusammenhang drastisch wechseln; und zwar sind sie bei zunehmendem Mond und bei Vollmond in einer eher maniformen Grundstimmung, und zur Neumondzeit leiden sie unter einer depressiven Grundstimmung. Von der Volkspsychologie her bekannt sind natürlich auch gesteigerte Tendenzen zu aggressivem Verhalten und Alkoholmißbrauch bei Vollmond, wie überhaupt alle quartalen Alkoholprobleme mit biorhythmischen Parametern in Zusammenhang stehen.
Der Regelzyklus der Frau ist vor allem in seinem prämenstruellen Abschnitt gut untersucht (Halbreich et al., 1983; Clare, 1983). Es wurden von Autounfällen, Kaufhausdiebstählen, körperlichen Erkrankungen, Kriminalität, sexuellem Verhalten bis zu allen Formen psychiatrischer Störungen viele Möglichkeiten untersucht. Teilweise sind aber die Ergebnisse wegen methodischer

Mängel und wegen zu starker Konzentration auf die prämenstruelle Phase nur bedingt zu verwerten. Mit Sicherheit kann man jedoch behaupten, daß für psychiatrische Probleme, die in Richtung depressiver Stimmung gehen, eine besondere Anfälligkeit in der prämenstruellen Phase, also in den letzten Tagen vor der Regel und am ersten Tag der Regel besteht. (Man kann sogar nach individuellen Hormonmustern depressive Subtypen unterscheiden.) Informativ erscheinen vorläufige Untersuchungen in bezug auf Autounfälle. Frauen neigen vermutlich dazu, in der prämenstruellen Phase häufiger Autounfälle zu verursachen, aber nur solche mit leichteren Schäden. Schwere Autounfälle sind trendmäßig eher um die Zeit vor dem Eisprung konzentriert.
Mit dem Hinweis, daß es in der Biologie zu jedem Phänomen immer auch das Gegenteil gibt, scheint doch die Erkenntnis in die Richtung zu gehen, daß im ersten Teil des Monatszyklus, wenn eine Stimmungsschwankungsneigung besteht, diese eher in Richtung maniformer Grundstimmung weist, während in der prämenstruellen Phase eher depressive Syndrome dominieren. Sehr bezeichnend ist, daß fast alle Frauen, die sich gerade in einer Depression befinden, diese prämenstruell verstärkt erfahren. Diese Erkenntnis ist sehr alt und hat früher zu der vorsorglichen Maßnahme geführt, Frauen, die in einer psychiatrischen Klinik aufgenommen waren, nach Möglichkeit erst dann zu entlassen, wenn sie einen ganzen Monatszyklus depressionsfrei durchgestanden hatten. Der Zusammenhang zwischen manischer Grundstimmung und weiblichem Zyklus ist schlecht untersucht.

Jahreszeitlich gebundene Rhythmen:

In unseren Landen gibt es den Spruch, daß für den Menschen Depressionszeiten gekommen sind, „wenn das Laub fällt und wenn das Laub treibt“. Tatsächlich häufen sich depressive Zustände im Herbst und im Frühling auffällig. Dies heißt aber natürlich nicht, daß eine depressive Verstimmung sich nicht über Herbst und Winter oder über Herbst, Winter und Frühling erstrecken könnte oder bei einzelnen Personen gar nur im Sommer oder Winter auftritt. Aber selbst bei chronisch depressiven Menschen wird oft beobachtet, daß in jahreszeitlicher Gebundenheit eine Verschlechterung bzw. Milderung der Depressionssymptomatik eintritt. Das gleiche gilt auch für chronisch manische Grundstimmungen.

Trotz zeitweisen oder regelmäßigen Trends vieler Personen, im Winter und im Sommer eher in eine manische und im Herbst und/ oder im Frühjahr eher in eine depressive Grundstimmung zu geraten, müssen wir noch einmal die spezifischen persönlichen Neigungen zu jahreszeitlich gebundenen Verstimmungen betonen. Es sieht auch so aus, daß der Beginn meist mit dem Wechsel einer Jahreszeit zusammenfällt. (Wir wissen, daß sich Vögel und andere Tiere, die Wanderungen unternehmen müssen, präzise nach den Jahreszeiten halten können. Damit ist auch angedeutet, daß jahreszeitliche Schwankungen der Stimmungen sicher primär auf normale und sinnvolle physiologische Begründungen zurückzuführen sind.) Es scheint auch, daß die Depressions- und Manieträchtigkeit der verschiedenen Jahreszeiten in den verschiedenen Jahren schwankt, so wie kein Jahr klimatisch und kosmisch dem anderen gleicht.
Man hat insgesamt den Eindruck, daß es nur sehr wenige Menschen gibt, die sich das ganze Jahr hindurch in einer vollkommen gleichmäßigen Grundstimmung befinden. Zumindest erlebt fast jeder sporadisch einmal diese jahreszeitlichen Schwankungen. Das Problem scheint so häufig zu sein, daß bei uns im Hinblick auf jahreszeitlich gebundene Stimmungsschwankungsneigungen immer wieder zu hören ist, dies sei ja normal. Obwohl wir diese Normalität im Prinzip durchaus nicht bestreiten wollen, so muß man sich doch bewußt sein, was dies z. B. für die Leistungsfähigkeit der Kinder in der Schule bedeutet. Wir können uns des Verdachtes nicht erwehren, daß das Phänomen, daß Schulkinder im ersten und zweiten Semester oft sehr unterschiedliche Leistungen aufweisen, auch mit diesem Aspekt unserer Lebendigkeit zusammenhängen kann.

Lebensphasen:

Auch wenn sich der Mensch und damit das Gehirn auf- und umbaut, so gibt es im Laufe des Lebens doch offenbar mehrere größere Phasen, die in sich eine gewisse Geschlossenheit des Handelns aufweisen. Diese Phasen mögen zu Beginn dominiert sein von Aspekten der Selbstkonstruktion und in der zweiten Lebenshälfte von Aspekten der Lebensverwirklichung und -Erfüllung. Dadurch, daß die Lebensdauer des Menschen zu einem wesentlichen Teil angeboren und sehr breit gestreut ist, ist es schwierig, hier mit präzisen Altersangaben aufzuwarten.

Obwohl das Kindesalter mit seinen raschen Phasen der Selbstkonstruktion ein besonders interessantes Gebiet wäre, können wir mangels eingehender Untersuchungen und aufgrund des Streits der Meinungen nichts Genaues sagen. Am allerwichtigsten ist vielleicht die Feststellung, daß es überhaupt Depressionen und auch Manien im Kindesalter gibt. Es ist eine Schande, daß der Großteil der Psychiater bis vor ca. 15 Jahren Kinderdepressionen nicht erkannte und nicht anerkannte. Nach Cytrün et al. (1980) waren die Ausdrücke Kindheitsdepression und Kindheitsmanie in den meisten amerikanischen Lehrbüchern für Kinderpsychiatrie bis vor nicht allzu langer Zeit praktisch nicht zu finden. Sicher ist die depressive und manische Symptomatologie bei Kindern durch die Möglichkeiten des Stadiums der Selbstkonstruktion spezifiziert; prinzipiell aber weisen sie vollkommen die gleichen Symptome auf, wie wir sie in unserer Schilderung vorgebracht haben (Kashani et al., 1983). Prinzipiell unterscheidet sich auch die Therapie von Kindheitsdepressionen und -manien nicht von der bei Erwachsenen. Was für die Kindheitsdepressionen in ganz extremem Ausmaß galt, galt auch für die Diagnose von pubertären Stimmungsschwankungsproblemen. Auch in diesem Alter laufen ganz klare maniforme und depressive Zustände ab – und dies vielleicht sogar gehäuft. Wir betonen das Problem der Stimmungsschwankung in diesen beiden Lebensphasen vor allem deshalb mit solchem Nachdruck, weil hier eine Unmenge von Verhaltensstörungen in Schule und Elternhaus ablaufen, ohne daß der manische oder depressive Hintergrund in den meisten Fällen gesehen wird. Zum ganzen Problem haben sowohl die tiefenpsychologischen als auch die verhaltenspsychologischen Schulen ihren negativen Beitrag geleistet. Auf diesem Gebiet wartet ohne Zweifel eine ungeheure nervenärztliche Erziehungsaufgabe Lehrern und Eltern gegenüber. Bei kurzdauernden Problemen ist sicher die vorherrschende Haltung, nicht manipulativ einzugreifen, sondern durch richtige Diagnose und richtiges Verhalten Schaden zu vermeiden, denn die oberste Maxime ärztlichen Verhaltens lautet immer noch „primum non nocere", also vor allem keinen Schaden zu setzen.
Ein besonderes psychiatrisches Augenmerk galt von jeher den Phasen des Umbruches von einer Lebensphase in die andere wie in der Pubertät, in der Mittlebenssituation (wird bei der Frau häufig mit Klimakterium umschrieben) und in der Involutionssituation des Alters. Dazwischen liegen dann noch längere Lebensabschnitte, die biologisch und psychologisch als relativ stabil anzuse-

hen sind, auch wenn in den einzelnen Lebensaltern große soziale Umstellungen die Stimmungsdynamik berühren mögen, wie z. B. Eheschließung, Elternschaft, Ende der Schulausbildung, Eintritt ins Berufsleben, Pensionierung, altersbedingter Verlust von Beziehungspersonen, Änderungen der körperlichen Leistungsfähigkeit usw. Es scheint nun so, daß in den Zeiten des Wechsels eine Stimmungsänderungsdynamik in dem Sinne Platz greift, daß die Programme der vorhergehenden Lebensphase in einer Art depressionsähnlichem Zustand physiologischerweise zerstört werden und daß man den Aufbau neuer Programme und mitmenschlicher Beziehungsmöglichkeiten in eher maniformen Grundstimmungen austestet.

Aus unseren familienanamnestischen Untersuchungen konnten wir auf ein sehr interessantes Phänomen rückschließen, das in der Psychiatrie bislang sicher nicht die nötige Beachtung fand. Durch die beschränkte Dauer der Beobachtung eines Patienten durch Nervenärzte kommt es, daß man maniforme oder depressive Grundstimmungsphasen, die eine ganze Lebensphase dauern, einfach als chronisch abklassifiziert, auch wenn sie, vom Gesamtleben her gesehen, eindeutig Phasen sind. Nur Langzeitbeobachtungen und die Lebenserfahrung alter Menschen, die an der Beobachtung ihrer Umgebung gereift sind, können dieses Phänomen wirklich schildern. So konnten wir häufig Informationen finden, die besagten, daß ein Mensch z. B. von der Pubertät bis zur Mittlebenssituation (bei Männern 30 bis 35, bei Frauen zwischen 35 und 50 Jahren im Mittel) haltlos, alkoholgefährdet und lebenshungrig war, sich in seinem späteren Leben aber hochgeordnet und sozial vielleicht sogar überangepaßt verhielt. Es gibt natürlich auch Menschen, die bis zum Involutionsalter keinerlei Stimmungsprobleme aufweisen, sich vielleicht sogar in einer ausgesprochen geordneten guten Stimmungslage befinden und dann plötzlich in eine über Jahre dauernde schwere depressive Verstimmung verfallen. Es gibt auch das Phänomen, daß Menschen im Kindesalter ausgesprochen kränklich und empfindlich sind, ihr späteres Leben aber dann ohne jedwede seelische Problematik durchschreiten. Vielleicht hängt auch das Ausreifen der Suchtprobleme von Jugendlichen im vierten Lebensjahrzehnt oder das gehäufte Auftreten von Mißbrauch legaler Medikamente bei Frauen in der Mittlebenssituation damit zusammen.

Diese jahre- bis oft jahrzehntelangen Phasen maniformer oder depressiver Grundstimmung, die sich an den natürlichen Verlauf der Lebensalter anlehnen, sind durch ihre Chronizität, vor allem dann, wenn sie symptomarm sind oder eine Wahnbildung aufweisen, besonders gefährdet, unter den Hammer der Schizophreniediagnose zu kommen. Viele Menschen, die unter Verstimmungen solcher Dauer leiden, werden auch oft nicht mehr psychiatrisch im engeren Sinne des Wortes, sondern moralisch und sozial verdammend beurteilt: Urteile wie Psychopathie, Charaktermängel und sonstige nicht gerade schmeichelhafte Qualifikationen sind schnell ausgesprochen, zumal man durch die Dauer der Verstimmung nicht mehr die Verstimmung an und für sich beobachtet, sondern nur einzelne Symptome, die besonders auffallen (etwa daß jemand menschenscheu, bigott, jähzornig, eigensinnig oder überängstlich ist oder zur Enthemmung neigt usw.).

Gleich wie den Kindern ist es auch den Alten ergangen: Viele Fachleute wollten ihnen nicht so recht typische depressive und manische Verstimmungen zubilligen. Argumente des Ersterkrankungsalters und des hirnorganischen Abbaues wurden in geistig sehr beschränkter Weise eingesetzt. Sicher ist es so, daß extreme Lebensphasen wie das Kindesalter und die letzte Lebensperiode spezifische Symptomausformungen prägen (Neugarten, 1979). Wir können hier nicht genauer auf dieses Problem eingehen. Vielleicht ist aber eine Bemerkung besonders interessant. In allen Lebensphasen ist man bei der Depression dem Risiko ausgesetzt, in seiner Intelligenz unterbewertet zu werden. Die psychiatrischen Krankengeschichtenarchive sind voll von Beweisen, daß hochintelligente Menschen im Rahmen der Diagnose Depression und der Fehldiagnose Schizophrenie bei Depressionen mit der Etikette schwachsinnig oder zumindestens grenzbegabt ausgestattet wurden. Im Alter wird natürlich schon aus hirnorganischen Gründen das Risiko besonders hoch, daß man über die Störungen der Wahrnehmung, des Gedächtnisses und der Leistungsfähigkeit als dement abgestempelt wird (Kramer, 1982). Die Fehldiagnose Demenz, also Verblödung, hat entsprechend weitreichende therapeutische und soziale Konsequenzen.

Generationszyklen der Frau:

Es ist sicher ebenfalls jedem bekannt, daß Schwangerschaft, Geburt und Nachgeburtsphase mit ihren spezifischen hormonellen Umstimmungen zu natürlichen Stimmungsschwankungen führen können, deren sicher bestehende normale Bedeutung uns im

einzelnen nicht bekannt ist. Depressive Verstimmungen am zweiten, dritten Tag nach der Geburt sind kulturunabhängig und universell zu finden und auch bei uns Erkenntnisbestandteil der Volkspsychologie. Wir sind auch kulturell gerne bereit, im Zusammenhang mit Schwangerschaft und Geburt einiges an Wesensveränderungen zu tolerieren.
Kritisch wird die Problematik erst, wenn nach der Geburt die Depressionen über mehrere Monate oder vielleicht noch länger andauern. Hier können dann schwere Ehekrisen auftreten, weil der Gatte glaubt, er sei durch die Geburt des Kindes verdrängt worden – dabei distanziert sich die Partnerin nur aus Gründen der depressiven Stimmung von ihm, und es kommt auch aus denselben Gründen zu keiner Wiederaufnahme der sexuellen Beziehung. Auch die depressive Distanziertheit vieler jüngerer Mütter zu ihren Säuglingen wird von der Umgebung und den Müttern selbst oft falsch als Gefühlskälte und Lieblosigkeit gedeutet und als Unfähigkeit, eine gute Mutter zu sein, gewertet – die Quelle vieler Schuld- und Aggressionsprobleme. Selbstverständlich gibt es auch Langzeit-Phasen manischer Verstimmtheit.

Wetterbiologische Rhythmen:

Mit der Anzahl der Jahre, die man in der psychiatrischen Praxis steht, kommt man immer mehr zu der Überzeugung, daß man den Einfluß des Wetters auf Stimmungsprobleme praktisch nicht überschätzen kann. Wir leben in einem Gebiet, in dem es möglich ist, daß an einem Tag drei Großwetterlagen einander abwechseln. Dies wirkt sich entsprechend auffällig auf den Verlauf depressiver und manischer Verstimmungen aus. Es ist allerdings schwer, hier Regeln aufzustellen, ob z. B. Föhn gut oder schlecht ist. Wie beim Jahreszeitenwechsel ist auch hier anzumerken, daß sich das Problem vor allem in der Zeit vor einem Wetterwechsel anbahnt, was biologisch der antizipatorischen Konstruktion organismischer Selbstregulation entspricht. Wichtig ist auch der Hinweis, daß Wetterwechsel in der Depression auch deshalb so zermürbend sind, weil stundenweises bis tageweises Hoffen, die Depression sei vorbei, mit dem Erlebnis eines massiven Rückfalls abwechselt. Wahrscheinlich wirkt sich dies auch auf die Suizidhäufigkeit aus. Seltener erkannt werden Probleme maniformer Verstimmung im Zusammenhang mit Wetterwechseln. Meist werden diese ja nur als Wohlbefinden und Leistungsfähigkeitssteigerung gedeutet. Der

aufmerksame Beobachter kann jedoch in der Zeitung fallweise Zusammenhänge zwischen der Häufung von aggressivem Verkehrsverhalten, maniformen abnormen Alkoholreaktionen und antisozialen Verhaltensweisen mit Wetterproblemen studieren.
Zusammenfassend sei folgendes festgehalten: Bei der Untersuchung von Einflüssen von verschiedenen endogenen und exogenen Rhythmen auf Verstimmungsprobleme können wir immer nur von Tendenzen und Trends sprechen. Es gibt große Unterschiede in der Individuellempfindlichkeit und in der Richtung der individuellen Reaktion. Außerdem kommen die verschiedenen Rhythmen nicht so isoliert zum Tragen, wie wir sie hier aus didaktischen Gründen schildern mußten. In Wirklichkeit ist die Aktivität des Gehirns eine kombinatorische Leistung, die sich aus allen diesen erwähnten Rhythmen und noch einigen Rhythmen mehr, die wir noch nicht hinreichend kennen, zusammensetzt. Es ist seit langem bekannt, daß das Gehirn eine ungeheure Aufgabe der Koordination und Kombination verschiedener rhythmischer Problemstellungen hat, und es gab auch Theoretiker der Biologie und der Psychiatrie, die die Ansicht vertreten, daß man alle Störungen als Störungen der Koordination betrachten kann. Sicher ergeben sich besonders katastrophale biorhythmusabhängige Situationen – subjektive und allgemeine – meist aus der Kombination verschiedener ungünstiger periodenabhängiger Phänomene.

VERLAUF VON SCHWEREN VERSTIMMUNGEN

Das Problem der Phasendauer haben wir bereits im vorhergehenden Kapitel mehrmals gestreift. Zum natürlichen, nicht durch Medikamente veränderten Verlauf ist festzustellen, daß er in jedweder Form möglich ist. Die meisten Menschen machen wohl nur einzelne problembeladene Phasen in ihrem Leben mit. Andere haben das Problem in relativ regelmäßigen periodischen Abständen. Bei den einen ist eine Verstimmung rein endogen gesteuert, bei anderen tritt sie nur bei bestimmten Belastungssituationen auf. Problemproduzierende Phasen können in zyklischer Form auftreten, also nach beiden Polen der Verstimmung hin abwechselnd, oder man hat vielleicht nur schwere Manieprobleme oder schwere Depressionsprobleme in seinem Leben, oft mit eingestreuten unauffälligen gegenteiligen Phasen. Es können Zeiten von rapidem

Wechsel der Stimmungslage mit Zeiten einer langen Verstimmung abwechseln. Zwischen den Phasen können Tage, Wochen, Monate, Jahre und Jahrzehnte vollkommener seelischer Gesundheit liegen.

Der Verlauf innerhalb einer Phase und von einer Phase zur anderen ist oft von sehr vielen Zwischenbildern und großen Schwankungen in der Intensität bestimmt (Carlson und Goodwin, 1973; Bunney, Jr., et al. 1972). Die einzelnen Verstimmungszustände können einander beim selben Menschen oft wie ein Ei dem anderen in ihrer Symptomatik gleichen, sie können aber auch ganz verschiedenartig sein.

Wie lautet auf diesem Hintergrund die Antwort auf die Frage, ob eine Verstimmungsneigung heilbar ist? Die Frage ist eigentlich falsch gestellt. Wenn eine massivere Phase vorbei ist – und es hört praktisch jede von selbst auf (was nichts über die Behandlungsnotwendigkeit aussagt) –, dann ist man eben, wie man ist, nämlich gesund. (Für manche Kranke ist es aber notwendig, sie medikamentös vor neuen Phasen zu schützen). Sollten sich auch in diesen Zeiten irgendwelche psychischen Probleme ergeben, dann sind dies eben Probleme, wie sie allgemein das Menschsein belasten und wie sie nur in Verstimmungszuständen besonders auffällig und problembeladen in den Vordergrund treten. Was allerdings von Mensch zu Mensch stark variiert, ist das Risiko, bei bestimmten Gegebenheiten in massivere Verstimmungen zu verfallen. Andererseits hat aber auch derjenige, der Jahrzehnte seines Lebens ohne ausgeprägte Stimmungsproblematik verbringen konnte, keinen Garantieschein, nicht morgen schon mit diesem Problem konfrontiert zu sein, und es ist gerade dieses Risiko, das wir in unserer Arbeit betonen möchten und auf das unsere Arbeit ausgerichtet ist. Schwere manisch-depressive Erkrankungen werden hier nur am Rande mitbesprochen.

Abschließend sei der Kommentar wiederholt, daß jeder Mensch seine ureigensten Verstimmungsformen in einmaliger Art und Weise in einem einzigartigen Lebenslauf gestaltet. Dies bedeutet jedoch nicht Schuld zu tragen an den Verstimmungen.

STIMMUNGSSCHWANKUNGEN, ALLTAGS-KRISEN UND RANDGRUPPENPROBLEME

Glücklicherweise geht man wieder davon ab, zwischen schweren Krankheitsbildern und leichten Verstimmungszuständen elementare Unterschiede zu sehen. In der jüngsten Zeit gibt es reihenweise Ergebnisse, die darauf hinweisen, daß schwere psychotische Verstimmungszustände keine prinzipiell separate Wertigkeit gegenüber leichteren Stimmungsschwankungen besitzen (Abrams und Taylor, 1983; Frangos et al., 1983). Bereits Kraepelin (1913) hat auf „gewisse leichte und leichteste, teils periodische, teils dauernde krankhafte Stimmungsfärbungen" (S. 183) hingewiesen. Neben zahlreichen anderen Autoren haben sich vor allem Akiskal et al. (1977) mit dem Problem befaßt, daß manische und depressive Stimmungsschwankungen sich in sehr subtilen Formen und in den verschiedensten Gewändern manifestieren können. Alle Autoren betonen mit Nachdruck, daß diese Erkenntnisse eine große soziologische Relevanz für den Alltag besitzen.

Auch wir konnten dieses Phänomen in der Variabilität von Verstimmungszuständen unter Geschwistern finden (Pritz und Mitterauer, 1984). Bei einer Untersuchung von über dreihundert Geschwisterreihen, wobei zumindest zwei Geschwister einmal einer klinischen Behandlung bedurften, konnten wir folgenden Sachverhalt beobachten: Neben Geschwistern mit einfachen Depressionen und/oder Manien, mit Depressionen und Manien, die wie Schizophrenien aussehen, mit zeitweisen oder regelmäßigen Alkohol- und Drogenproblemen, mit Neigungen zu antisozialem oder gar kriminellem Verhalten, mit verschiedenen Persönlichkeitsproblemen im religiösen, zwischenmenschlichen, zwischengeschlechtlichen, beruflichen, schulischen usw. Bereich finden sich in bunter Mischung auch Geschwister von außerordentlicher persönlicher Problemlosigkeit, von hoher sozialer Durchschlagskraft, von vorbildhaftem Verantwortungsbewußtsein, von enormer Leistungsfähigkeit und Leistungsbereitschaft auf allen möglichen Gebieten und von charismatischer mitmenschlicher Begabung. Vermutlich gibt es keinen Menschen, der – über Generationen gesehen – nicht in diese psychische und psychiatrische Buntheit von Vorfahren eingebettet ist. Vielleicht hilft Ihnen dieser dezente Hinweis, die geschilderten Probleme nicht nur mit intellektueller Distanz zu überdenken.

Um nicht den Eindruck zu vermitteln, daß wir vom Throne

nervenärztlicher Allmacht aus sprechen, sollen Forschungsergebnisse nicht unerwähnt bleiben, die darauf hinweisen, daß gerade Nervenärzte – weibliche wie männliche – besonders hohe Stimmungsschwankungsrisiken aufweisen (z. B. Welna et al., 1979). Anderen sozial hochstehenden Berufsgruppen soll aber gleichzeitig geraten sein, von Untersuchungen ihrer Klasse und ihres Standes nicht gegenteilige Ergebnisse zu erwarten. Wie überhaupt das Problem ziemlich gleich verteilt durch die Menschheit, die Rassen, die Geschlechter, die Lebensalter und die Klassen geht. Transkulturelle Studien zeigen dies immer klarer. (Jan Shan Ming, 1982; Egeland und Hostetter, 1983, und viele andere.)

An diesem Punkt auch ein kurzer Kommentar zum Schlagwort „Genie und Irrsinn“: So sehr wir diese Formulierung für irreführend halten, so sehr glauben wir an einen Zusammenhang zwischen Stimmungsschwankungsdynamik und Kreativität. Andreasen (1980) kommt in einem sehr maßvollen, aber nichtsdestoweniger offenen Kommentar zum Thema zum gleichen Schluß. Indem sie gleichzeitig darauf hinweist, wie viele Fragen offenstehen und wie differenziert diese Fragen zu stellen sind, glaubt sie doch, daß kreative Individuen besonders ausgeprägt die bipolare Stimmungsnatur des Menschen leben und erleiden.

Es wird immer wieder behauptet, Frauen seien psychiatrisch anfälliger als Männer. Dies mag vielleicht für Bilder, die zu Klinikaufnahmen führen, gelten. Auch hier weisen neuere Zahlen zum Problem schwerer Stimmungsschwankungen darauf hin, daß letztlich ein 1 : 1-Verhältnis statt des diskutierten 2 bzw. 3 : 1-Verhältnisses zwischen Frauen und Männern zum Vorschein kommt. (Egeland und Hostetter, 1983; Angst, 1983). Ganz offenkundig sind entsprechende psychiatrische Untersuchungen in ihrer Beschränkung auf Krankenhausaufnahmen oder typische psychiatrische Bilder hier einem schweren Irrtum unterlegen und haben ein Forschungsartefakt produziert. Ob es geschlechtsspezifische Unterschiede in der formalen Ausgestaltung von Verstimmungen gibt, ist eine ganz andere Frage. Diese kann zumindest aufgrund soziokultureller, vielleicht auch aufgrund genetischer Unterschiede mit Ja beantwortet werden (Briscoe, 1982).

Um den Horizont unserer Problemsicht noch weiter auszudehnen, sei auch auf den Zusammenhang zwischen Stimmungsschwankungen und Verhaltensstörungen bei geistig behinderten, also hirnorganisch geschädigten Personen verwiesen. In einer Übersichtsarbeit betonen Sovner und Hurley (1983), daß man

auch bei Personen, die aus hirnorganischen Gründen in ihrer intellektuellen Entwicklung zurückgeblieben sind (und dies gilt auch für schwere Zustände), nicht nur ein reiches seelisches Leben findet, sondern auch die ganze Problematik manischer und depressiver Verstimmungszustände. Ziemlich wörtlich übersetzt, kommen sie zu folgender Schlußfolgerung: Der geistig Behinderte leidet in der vollen Bandbreite an Stimmungsstörungen, und er sollte auch als Kandidat für die ganze Palette von modernen Behandlungsmöglichkeiten, eingeschlossen Psycho- und Pharmakotherapie, betrachtet werden.
Jeder Versuch, geistig Behinderte sowie Kinder und alte Menschen von diagnostischen Überlegungen in bezug auf Stimmungsschwankung auszuschließen, weil man zur Entwicklung einer Manie oder einer Depression ein „ganzes Gehirn" benötigt, vertritt ein Menschenbild, das mit sehr subtilen Mitteln inhumane Wertungen in Richtung „mehr oder weniger Mensch" verbreitet. Unsere reiche Erfahrung mit geistig behinderten Kindern und Jugendlichen veranlaßt uns zu dieser etwas polemischen Betonung, weil die Diagnose Verhaltensstörung allein das Ausmaß des Problems nie sehen und es in seiner wirklichen Bedeutung nicht erkennen kann. Zur Illustration sei auch noch eine andere Erfahrung angefügt: Durch Erfahrungen in der psychiatrischen Nachbetreuung und in der Epileptikerfürsorge aufmerksam geworden, haben wir bis ins vorige Jahrhundert hinein alle Fälle untersucht, die wegen psychischer Störungen bei cerebralen Anfallsleiden in psychiatrischen Abteilungen des Landes Salzburg aufgenommen waren. Wir konnten dabei keinen einzigen Fall finden, dessen Aufnahme nicht primär wegen einer manischen oder depressiven Stimmungsverschiebung erfolgte.
Bevor wir uns der eigentlichen Diskussion der sozialen Problemrelevanz von leichten und mittleren Verstimmungszuständen zuwenden, müssen wir unseren Denkansatz, der in verschiedenen Abschnitten dieser Arbeit verstreut diskutiert wurde, noch einmal zusammenfassen:
1. Zu allererst möchten wir ein letztes Mal bekennen, daß es unserer Meinung nach normale depressive und manische Grundstimmungen gibt. Ein so allgegenwärtiges Phänomen wie die Stimmungsschwankung geht von normalen Handlungslogiken aus. Neben phänomenologischen Hinweisen in dieser Richtung läßt sich vor allem von einer allgemeinen organismischen Theorie her die Schlußfolgerung ziehen, daß es sich bei den verschiedenen

Stimmungen um Zustände menschlicher Selbstinterpretation handelt, die nicht gleichzeitig im Gehirn ablaufen können, genauso wie ich nicht gleichzeitig wach sein und schlafen kann. Wieviele Stimmungszustände es gibt, ist eine offene Frage. Bedauerlicherweise gibt es keine Worte, die normalpsychologische manische oder depressive Zustandsbilder benennen können. In unserer Sprache sind wir nämlich mit dem Gebrauch der Worte Depression und Manie ständig in der Gefahr, unser Denken ausschließlich in Richtung Geisteskrankheit zu beeinflussen.

„Leichtere" Verstimmungsprobleme wurden in der Psychiatrie immer gesehen, aber zu sehr von sogenannten krankhaften Verstimmungen abgetrennt. Man hat dafür Ausdrücke verwendet wie „subdepressiv" oder „dysthym", vor allem bei lang dauernden depressiven Verstimmungen, und „zyklothym" bei Neigung zum Wechsel zwischen maniformen und depressiven Verstimmungen. Diese leichteren Verstimmungen wurden leider sehr häufig mit einer Charakterpsychologie in Zusammenhang gebracht.

2. Etwas überspitzt vertreten wir die Meinung, daß die Problemhaftigkeit, außer in Extremfällen, nie und nimmer von der Schwere eines manischen oder depressiven Zustandes abzuleiten ist. Jeder Mensch hat so oder so in der Fülle seiner Veranlagungen, im Reichtum seiner Daseinsthematik und in seiner Tendenz zu bestimmten Verhaltensmustern Schwachpunkte, die leicht zu einer intrapsychischen oder sozialen Problematik führen können. Auf dem Hintergrund einer leichteren oder schweren Verstimmung können nun diese Schwachpunkte, die sonst verborgen sind oder nur minimal auffallen, plötzlich zur Problembildung führen. Wir sprechen damit gleichzeitig eine Betonung und gleichzeitig eine Relativierung des Einzelsymptoms an. Es ist die eigentliche Absicht dieser Arbeit, Sie in eine Richtung des Denkens zu führen, die Ihnen gestattet, ein Einzelproblem nicht nur isoliert, sondern auch im Verbund mit einer Stimmungsproblematik zu sehen und entsprechend differenziert und vorsichtig zu werten. Ohne diese Erkenntnis sind wir unserer Meinung nach in der Gefahr, falsche medizinische und soziale Maßnahmen gegen subjektive und soziale Lebensprobleme zu setzen. Aus dieser spezifischen Begründung heraus haben wir auch keine Angst vor einer Inflation der Diagnose „manisch" oder „depressiv verstimmt", denn die befürchtete Unbrauchbarkeit des Verstimmungskonzeptes ist durch die gleichzeitige Konzentration auf die Einzelsymptome aufgehoben.

Aus dem gleichen Grund hat es auch keinen Sinn, wie vielfältig eine Neigung zu Stimmungsschwankungen auch neurobiologisch bedingt sein kann bzw. bedingt sein muß, sich von der psychologischen Seite her in unendliche diagnostische Subklassifikationen aufzuspalten. Wir geraten dabei sicher in die Gefahr, das Einzelsymptom zur Stimmungsschwankung selbst zu machen und es der Einzelwertigkeit, die es in der Organisation menschlichen Verhaltens besitzt, zu berauben. Unser Ansatz behauptet nicht, daß man für die Problembeladenheit von Einzelsymptomen nur die Stimmungsdiagnose heranziehen muß, vielmehr sind wir uns bewußt, daß auch die Lebensgeschichte, hereditäre Momente und die soziokulturelle Situation in diesem Zusammenhang zu berücksichtigen sind. Zusammenfassend können wir sagen, daß wir eine komplementäre Sicht psychiatrischer Problembildung vertreten. Zum einen muß in Form der Stimmungsdiagnose die Rahmenbedingung des Handelns geklärt werden, und dann muß man sich den einzelnen Symptomen in ihrer eigenen Logik und Dynamik zuwenden.

Zur Demonstration der Relativität von Stimmungsverschiebungen: Ein Mensch mit hoher Intelligenz, der normalerweise durch eine gewisse Hemmung davon abgehalten wird, seine Möglichkeiten voll auszuspielen, kann durch eine gewisse manische Verstimmung erst den Weg finden, sich entsprechend angemessen zu entfalten. Die gleich starke maniforme Verstimmung führt jedoch bei einem anderen Menschen, der von einer anderen Persönlichkeitsstruktur geprägt ist, in läppisch euphorisches Verhalten. Die eine manisch verstimmte Person widmet sich konzentriert einer großen Aufgabe, und die andere lächelt passiv und selbstzufrieden in sich hinein.

3. Eine außerordentliche wichtige Erkenntnis besteht darin, daß die depressive oder manische Kernsymptomatik in einen individuellen Mantel antidepressiver und antimanischer Abwehrmechanismen eingehüllt sein kann. Dies erschwert die Diagnose außerordentlich und kann zu Problemen führen, die nur sehr indirekt mit der primären Verstimmung zusammenhängen.

4. Es gibt keine spezifischen manischen oder depressiven Daseinsthemen; bei beiden Formen der Stimmungsgestaltung müssen wir die ganze Fülle menschlicher Daseinsthematik und die Vielzahl menschlicher Gefühlswelten bedenken. Das jahrelange fast ausschließliche Starren auf sozialproblematische und medizinisch bedenkliche manische und depressive Krankheitsbilder hat zu sehr

verkürzten Sichtweisen und Problemeinschätzungen geführt. Dramatische Erscheinungsbilder wurden übertont, und stille Verstimmungen, in denen „stille“ Gefühlswelten dominieren, wurden übersehen oder unterbewertet. Gefühle der stillen Glückseligkeit, der selbstlosen Bescheidenheit und Anspruchslosigkeit, der stummen Ausweglosigkeit und Verbitterung, der Sanftmut und der Arglosigkeit, der Bedächtigkeit und Befangenheit, der Scham und Einsamkeit, der Ergebenheit und Genügsamkeit, der Fügsamkeit und der Feinfühligkeit, der stillen Innigkeit und zurückhaltenden Hingabefähigkeit werden deshalb oft mit schwerwiegenden Folgen verkannt. Eine Betonung all dieser verschiedenen Gefühlswelten als Tugend oder Laster führt natürlich zu hochindividuellen Bildern manischer und depressiver Stimmungslagen. Zum Beispiel wird eine depressive Hemmung von einem Menschen, der die Gabe der Duldsamkeit besitzt, ganz anders erlebt, als von einem Menschen, der schon normalerweise durch Hoffnungslosigkeit gekennzeichnet ist. Jemand, der zur Haltlosigkeit, Anmaßung und Herrschsucht neigt, wird ein ganz anderes manisches Bild entwikkeln als ein Mensch, der das Talent der Demut und Sanftmut besitzt. Einen Menschen, der zur Kleinmütigkeit und Unentschlossenheit tendiert, wird die gleiche depressive Verstimmung ganz anders vorfinden als einen solchen, der sich mit verschiedenen Mitteln ein gewisses Maß an Unbeirrbarkeit, vielleicht sogar Überheblichkeit angeeignet hat. Eben diese Fülle von emotionalen Talenten und riskanten Gefühlswelten ist es, die zu den verschiedensten subjektiven Gefährdungen und sozialen Problemen bei schwereren Verstimmungen führt.
(In diesem Zusammenhang wäre auch noch zu erwähnen, daß man das Verständnis für die nonverbalen Kommunikationssprachen [Mimik, Bewegung, Wortmelodie, Berührung, Haltung usw.] bewußter machen müßte. Sicher „spricht“ und versteht jeder Mensch angeborenerweise Nonverbalität; dies aber unbewußt, durch kulturell tradierte Vorurteile oft noch behindert, seinem Gefühl mehr zu vertrauen als der allgemeinen Meinung. Belehrung über das Phänomen der nonverbalen Kommunikation heißt auch die Einheit der Menschen zu betonen, Schutz gegen Fehlbeurteilungen aufzubauen und Kunsterziehung zu betreiben, denn alle Kunst ist ja nichts anderes als kulturelle Ausgestaltung nonverbaler angeborener Sprachen).

Stimmungsgebundene Problembildungen:

Udell und Hornstra (1976) weisen darauf hin, daß die Psychiatrie zwei Hüte trägt, und zwar einen klinischen und einen nichtklinischen, der vom Laienalltag geprägt ist. Dieses nichtklinische Klassifikationssystem ist ebenfalls durch einen Diagnoseprozeß geprägt. Der Nervenarzt wird ja nicht einfach mit Schilderungen von einzelnen Verhaltensproblemen oder subjektiven Leiden konfrontiert, sondern diese werden ja in einer Art Problemdiagnose verkleidet vorgebracht. Solche Kategorien der Problempräsentation sind zum Beispiel: Gefahr für sich selbst durch Suicidtendenzen, Gefahr für andere, Eheprobleme, Arbeitsplatzprobleme, Probleme des körperlichen Wohlbefindens, Probleme der reduzierten körperlichen und seelischen Leistungsfähigkeit, Sexualprobleme, Eheprobleme; Probleme der mangelnden Kontrolle über Gedanken, Gefühle und Verhalten; Alkoholprobleme, Drogenprobleme, Probleme antisozialen Verhaltens, Schul- und Lernprobleme; Probleme der Selbstunzufriedenheit, des Selbstzweifels, des mangelnden Selbstwertgefühls, Probleme irrationaler Ängste und Befürchtungen; Probleme inadäquaten und unreifen Verhaltens, aber auch Probleme der Stimmung, die ganz direkt als Stimmungsschwankung, also als unangemessen gute Stimmungslage, Depression, Zorn, Aufgeregtheit, Feindseligkeit, Reizbarkeit usw., formuliert werden. Im psychiatrischen Diagnoseverfahren wird nun diese problemorientierte Vordiagnose in einem sehr komplizierten Prozeß übersetzt. Richtet sich das Laiensystem nach dem Abweichen von normativen Prinzipien, so sollte sich das nervenärztliche Diagnosesystem nach einem bio-psycho-soziologischen Modell der Verhaltensorganisation richten. Wie bereits mehrmals erwähnt, besitzen wir in diesem Zusammenhang keine einheitliche Theorie, die eine echte Syntheseleistung erbringen könnte.

Erst in den letzten 15 Jahren wird die Bedeutung nichtklinischer Verstimmungen für den Alltag und für das persönliche Wohlbefinden wieder zunehmend beachtet. Akiskal et al. (1977) weisen noch sehr vorsichtig aber eindrücklich darauf hin, daß ein Zusammenhang zwischen selbst milden Stimmungsschwankungen und finanziellen Desastern, erhöhter, aber sehr ungleichmäßiger Kreativität, unstabiler Berufslaufbahn, episodischen Mustern von Drogen- und Alkoholmißbrauch, promiskuitivem Verhalten, Eheproblemen, geringer Abwehrkraft gegen die Verführung extremer Bewegungen und anderen sozial relevanten Problemen besteht. Die Autoren vertreten deshalb die Meinung, daß dem Ratschlag, die Psychiatrie möge die Hände von sogenannten Charakterproblemen lassen, nicht gefolgt werden kann, wenn Stimmungsschwankungen eine so ursächliche Rolle für verschiedene Formen der sozialen „Devianz" haben.

Vieles, was als Charakterproblem imponiert, ist in Wirklichkeit ein Stimmungsproblem. In diesem Sinne wollen wir uns gleichsam in einem abschließenden Ausblick auf verschiedene Alltagsproblembereiche konzentrieren. Wir können dabei natürlich nur Konturen der Problematik zeichnen, und selbstverständlich müssen diese Konturen in Zukunft mit allen wissenschaftlichen Mitteln im Detail erforscht werden. Ihre Bedeutung für die Gesundheits- und Sozialpolitik sowie für das mitmenschliche Zusammenleben ganz allgemein ist derzeit noch nicht wirklich abzuschätzen.

1. Leistungsschwankungen:

Es wird immer klarer, daß persönliches Leistungsvermögen und Leistungsunfähigkeit, Unzulänglichkeiten in der Leistung und große Schwankungen in der Leistung fast immer mit Stimmungsschwankungen zusammenhängen. Craig und Van Natta (1983) betonen mit Nachdruck, daß sozial orientierte Studien darauf hinweisen, daß ein Zusammenhang zwischen Leistungsbeeinträchtigung und Depression besteht. Sie kommen deshalb zu dem Schluß, daß jede Leistungsfeststellung nach Verdachtsmomenten auf die An- oder Abwesenheit gleichzeitig existierender Depressionen achten muß. Alle sonstigen demographischen Variablen zeigen nämlich keine entsprechende Beziehung zur Form des Leistungsvermögens. Die Autoren zitieren in dieser Arbeit auch noch Sternberg und Jarwig, die die Forderung aufstellen, daß die Identifizierung und Behandlung von mit Leistungsminderung assoziierten Depressionen eine hohe Priorität in der öffentlichen Gesundheit, im Bereich der Arbeitsmedizin und bei der Erstellung von Arbeitsrehabilitationsprogrammen haben müssen.

Wir haben ja bereits oben bei der Symptomschilderung auf weitere Details der stimmungsbedingten Leistungsänderung hingewiesen und sind hier nur noch deshalb einmal ganz allgemein darauf eingegangen, weil hier eine der Wurzeln für viele Schul- und Arbeitsprobleme sowie für Probleme im privaten Bereich liegt.

2. *Migration und manisch-depressive Verstimmung:*

Wegen seiner perspektivischen Bedeutung möchten wir auch dieses sensible Thema anschneiden. Pope Jr. (1983) faßt Forschungsergebnisse zusammen, die zu folgendem Schluß kommen: Während man früher annahm, daß Patienten mit Schizophrenie eine erhöhte geographische Mobilität aufweisen, also eine erhöhte Neigung zeigen, sich fern der Heimat niederzulassen und häufige Ortswechsel vorzunehmen, so beginnt man immer klarer zu sehen, daß es sich hier nicht um „Schizophrenie", sondern in Wirklichkeit um manisch-depressive Stimmungsschwankungsprobleme handelt. Die normale Auslegung dafür ist, daß in manischen Stimmungslagen verschiedenster Intensität die Menschen dazu neigen, aufgrund ihrer erhöhten Unternehmungslust entsprechendes Verhalten an den Tag zu legen. Der Wandertrieb ist ein extremes Beispiel. Wie wir aber oben angeführt haben, kann auch depressives Fluchtverhalten manchmal in die gleiche Richtung führen. Insgesamt ist es allerdings nicht ganz klar, inwieweit dabei rein genetische, psychodynamische, wirtschaftliche oder kulturelle Gründe für diese Ergebnisse der Forschung als primäre Erklärung dienen können.

Das gleiche Problem, das in der Migration vom Wohnungswechsel bis zum Heimatlandwechsel zum Ausdruck kommt, kommt natürlich auch im Arbeitsplatzwechsel, im Schulwechsel und im Partnerwechsel zum Tragen. Wiederum müssen wir Sie aber ersuchen, sich nicht die Schlußfolgerung zu eigen zu machen, Stimmungsschwankungsprobleme führten zwingend zu dieser Unbeständigkeit. Das Problem eines Stimmungswechsels kann bei anderen Menschen im Gegenteil zu einer erhöhten Orts-, Berufs- und sonstigen Beständigkeit führen.

3. *Eheprobleme:*

Wir haben viele sogenannte Ehekrisen gesehen, deren Krisenhaftigkeit ausschließlich in der Depressions/Manie-Problematik eines oder beider Partner bestand. Da es anscheinend zum Normalfall wird, daß der Mensch in seinem Leben mehrere Ehen eingeht, und da dies für die Gemeinschaft große Probleme in den verschiedensten Bereichen aufwirft, ergibt sich hier ein besonders wichtiges Feld für die zukünftige Forschung. Die meisten heutigen Formen der Eheberatung sehen die ganze Problematik oft zu psychodynamisch. Wir haben bereits verstreut darauf hingewiesen, wie es infolge von Stimmungsschwankungen zu allen Formen von Sexualproblemen kommen kann. Wir möchten hier noch darauf hinweisen, daß auch der Wechsel von Zuwendung und Anklammerung mit partnerschaftlicher Abwendung und Zurückweisung eine große Rolle spielt. Finanzielle Abenteuer und Abwertung sowie Überforderung des Partners können massiv in die Ehestruktur eingreifen. Auch chronisches depressives Kränklichsein usw. kann die Partnerschaft zerstören. Darüber hinaus richten sich die Abwehrmechanismen, die in depressiven und manischen Grundstimmungen verwendet werden, sehr häufig gezielt auf die Person, die einem am nächsten steht – und damit eben auch sehr häufig gegen den Ehepartner.

Eine Kultur, die diesen Namen verdient, muß, wenn sie normierte Regelungen für die Partnerschaft aufgibt und sich zurecht auf den Wert der Partnerschaftlichkeit in der Beziehung konzentriert, solche Erkenntnisse in die Erziehungsarbeit einfließen lassen und im Scheidungsrecht berücksichtigen.

Das Problem der ehelichen Konflikte bei erhöhter biologischer Prädisposition zu Stimmungsschwankungen ist aber nicht allzu einfach zu sehen. Denn die erlebte Problematik geht ja wiederum in eine Verschärfung der Stimmungsschwankungsneigung ein (Hoover und Fitzgerald, 1981). Die Beziehung zwischen biologischen und Verhaltensvariablen ist gerade bei maniebedingten Eheproblemen von außerordentlicher Vielfalt (Ludwig und Ables, 1974). Die signifikanten Effekte der Stimmungsschwankung auf die psychosoziale Adaptation der Ehepartner wirken sich natürlich auch auf den gesamten Familienverband aus, vor allem auch auf die Kinder. Familientherapien, wenn man nur mit psychodynamischen Deutungen operiert, können hier allein nicht Abhilfe schaffen. Es ist meist eine unmittelbare Therapie der eigentlich störanfälligen Person durchzuführen, und es ist auch daran zu denken, welche Verletzungen das Verhalten dieser Person bei den anderen Familienmitgliedern setzen kann.

Es wird häufig die Meinung vertreten, das erkrankte Familienmitglied sei nur das Opfer der anderen Familienmitglieder. Ohne abstreiten zu wollen, daß der Erkrankte von den anderen Familienmitgliedern mißbraucht werden kann, müssen wir jedoch aus unserer langjährigen Erfahrung darauf hinweisen, daß es dem Patienten überhaupt nicht hilft, wenn man in unangemessener psychologischer Gier nach Schuldigen für die Krankheitsproblematik eines Patienten sucht. Vom Familienverband her gesehen ist in unserem Land die Tendenz, den Kranken loszuwerden und abzuschieben – wenn es sich nicht um Extremproblemfälle handelt –, insgesamt außerordentlich niedrig. Man muß auch die ungeheure Leidens- und Hilfsbereitschaft vieler Familienangehöriger in diesem Zusammenhang mit Nachdruck betonen. So sehr wir zu Ausstoßungsmechanismen in anderen sozialen Bereichen neigen, im Familienbereich gilt dies mit Sicherheit nur in sehr beschränktem Ausmaß (Mayo et al., 1979).

4. Schul- und Erziehungsprobleme:

Wir haben in unserer Arbeit immer wieder auf die Querverbindungen zwischen Verstimmung und Erziehungs- und Schulproblematik hingewiesen. Die Probleme ergeben sich vor allem dadurch, daß depressive und manische Verstimmungen zu schweren Änderungen des Lernverhaltens, der Konzentrationsfähigkeit und Wachheit, aber auch aller Aspekte der mitmenschlichen Begegnung führen. Unangemessen aggressives und distanzloses Verhalten wird gerade im Bereich der Erziehung und der Schule sehr häufig mit massiver Gegenwehr aus einer überlegenen Position beantwortet. Wir behaupten nicht, daß man erzieherisch nichts unternehmen kann und soll und daß man deshalb die Dinge einfach sich selbst überlassen müßte, sondern wir behaupten nur, daß viele der „gängigsten pädagogischen" Gegenmaßnahmen die Stimmungsproblematik noch verschärfen.
Es sind sicher eine Reihe von schulischen und elterlichen Erfindungen notwendig, um Stimmungsschwankungen im kindlichen Alltag zu berücksichtigen und damit Kindsein im wahrsten Sinne des Wortes zu vermenschlichen. Die in unserem Lande seinerzeit vertretene schulpolitische Idee, man sollte bei Schülern die schlechteste Schularbeit eines Jahres streichen und dem Vergessen anheim fallen lassen, wäre sicher eine psychohygienische Maßnahme im Rahmen unserer Argumentation gewesen.
Da das Problem von Stimmungsschwankungen im Kindesalter und im Schulalter von der Psychiatrie so lange total übersehen wurde, haben wir mit einem besonderen Engagement auf diesen Bereich verwiesen. Gleichzeitig sind aber hier die wissenschaftlichen Erkenntnisse wegen der langjährigen Abwesenheit der Psychiatrie noch besonders vorläufig. Die Normalpsychologie und -pädagogik hat sich um dieses Problem kaum gekümmert.

5. *Arbeitsplatzproblematik:*

Wie man in Zeiten erhöhter Arbeitsplatzproblematik sofort feststellen kann, sind gerade Stimmungsschwankungen dazu angetan, die Berufskarriere in jeder Hinsicht zu stören. Wir verweisen auch auf unsere allgemeinen Aussagen zum Thema Leistungsschwankung unter Punkt 1). Belastende Zusammenhänge bestehen aber nicht nur zwischen Leistung und Arbeitsplatz, sondern auch zwischen allgemeinem kommunikativem Verhalten und Arbeitsplatz. Die Probleme stellen sich deshalb sehr unterschiedlich dar. Es gibt viele Menschen mit sehr schwankender Arbeitsleistung, die trotzdem vom Arbeitgeber gerne behalten werden, da sie zumindest zeitweise eine außergewöhnliche Originalität, Kreativität und besondere Einsatzfähigkeit aufweisen. Auch eine leicht depressive Grundstimmung kann als Gewissenhaftigkeit und als Leistungsbewußtsein imponieren. Wir verweisen im Detail auf die verschiedensten Symptomschilderungen, betonen aber insgesamt noch einmal, daß nicht nur die Leistungsschwankung, sondern vor allem auch die Störung des kommunikativen Verhaltens und die Neigung, zu neuen Ufern aufzubrechen und vor dem bisherigen Berufsalltag zu fliehen, besonders problemträchtig sind.
Hier ist ein Gebiet, wo man viel bessere soziale Schutzmaßnahmen überlegen müßte. Man kann nicht einfach zusehen, wie ein Depressiver, der in keinem Familienverband steht, zu Hause liegt und nicht mehr zur Arbeit erscheint, bis er gekündigt und aller sozialen Rechte beraubt wird. Man kann nicht einfach zusehen, wie ein Mensch, der in seinem bisherigen Leben ausgezeichnete Leistungen erbrachte, in einer manischen Verstimmung ein aggressives oder überhebliches Verhalten an den Tag legt, das unweigerlich zum Verlust des Arbeitsplatzes führt. Mit dem Appell an die Freiheit des einzelnen kann man einem Menschen damit in wenigen Tagen einen Schaden zufügen, den er für den Rest seines Lebens nicht mehr reparieren kann.

6. *Ökonomische Probleme:*

Der Zusammenhang zwischen Stimmungsschwankungen und ökonomischer Problematik ist kein Streitthema. In einem amerikanischen Buch zum Thema Manie stellt Kline (1979) fest, daß man die Grenzlinie zwischen dem erfolgreichen Amerikaner und milderen hypomanischen Patienten so elastisch ziehen muß, daß

die Diagnose erst retrospektiv gemacht werden kann, also wenn man weiß, ob das Verhalten der Person zum Erfolg oder in den persönlichen, ökonomischen und sozialen Bankrott geführt hat. Solange Unternehmungen erfolgreich sind, wird man von besonderer Gesundheit und Lebenskraft sprechen, erst wenn sie in den Mißerfolg führen, und wenn von diesem Mißerfolg andere betroffen sind, wird man an krankhafte Vorgänge denken.
Gerade leichte Stimmungsschwankungen führen häufig zum Eingehen finanzieller Risiken, die dann große Teile des späteren Lebens schwerstens belasten. Überschuldungen sind an der Tagesordnung, und schwere persönliche und familiäre Belastungen wie auch Belastungen der öffentlichen Hand sind damit verbunden. Ohne daß man jedoch die manische Leistungskraft und den maniformen Unternehmungsgeist unterbinden möchte – wir leben ja in unserer Wirtschaft geradezu davon, – muß man sich doch als Gemeinschaft den Einbau von besseren Sicherungen überlegen. Die Forderung danach wird politisch in der derzeitigen Lage allenthalben erhoben, der Zusammenhang wird aber noch nicht erkannt, und es wird nur ganz allgemein von ‚sorglos leben', von ‚mangelndem Verantwortungsbewußtsein' und von ‚Selbstüberschätzung' gesprochen.
Auch Probleme verschiedenster Art wie Kaufwut, Spielleidenschaft usw., stehen fast immer im Zusammenhang mit Stimmungsschwankungsneigungen. Probleme der Verführbarkeit für belastende Vertragsabschlüsse (Reisen, Eheanbahnungsinstitute, Autos, Versicherungen usw.) haben wir schon kurz gestreift.

7. *Alkohol- und Drogenprobleme:*

Auch der Zusammenhang zwischen dem Mißbrauch von Alkohol, Medikamenten und illegalen Drogen sowie suchtartigem Verhalten auf der einen Seite und Stimmungsschwankungsproblemen auf der anderen Seite beruht auf alten Erkenntnissen (siehe oben! Hesselbrock et al., 1983). Wiederum zeichnen sich hier klare Konturen in der Richtung ab, daß nur eine bestimmte Gruppe von Menschen bei Stimmungsschwankungen besonders alkohol- und drogengefährdet ist. Es wäre also mehr als eine Übertreibung, wenn man hinter jeder Stimmungsschwankung gleich die Gefahr der Sucht sehen wollte. Es muß aber auch zugegeben werden, daß wir wirklich derzeit nur selten im vorhinein wissen können, wer gefährdet ist und wer nicht. Aus jahrelangen eigenen und aus

vielen internationalen Untersuchungen wissen wir, daß vor allem bei schweren Suchtproblemen in der Mehrzahl der Fälle Probleme der Stimmungsschwankung und damit Probleme veränderter Affektivität ursächlich beteiligt sind (Rounsaville et al., 1981).
Bei periodischen Alkoholproblemen ist, wie im Kapitel ‚Biorhythmen und Stimmungsschwankungen' deutlich gemacht werden konnte, der Zusammenhang zwischen Alkoholproblemen und Stimmungsschwankungen ja noch relativ offenkundig. Insgesamt gesehen zeichnen sich viele Suchtformen dadurch aus, daß sie eine total undurchschaubare Dynamik aufweisen. Man wechselt die Droge, man wechselt die Art des Konsums, man wechselt die Menge des Konsums, man mischt, Phasen der Abstinenz und des Loskommen-Wollens lösen Phasen der totalen Uneinsichtigkeit ab. Selbstheilungen sind an der Tagesordnung, allerdings auch Rückfälle nach vielen Jahren ohne ersichtlichen Grund. Wir wissen auch, daß Jugendliche und Erwachsene oft sehr gekonnt ihre Stimmung, wenn sie gut ist, mit entsprechenden Mitteln zu verstärken und wenn sie schlecht ist, mit entsprechenden Mitteln selbst „zu therapieren" versuchen.
Wir müssen auch betonen, daß man Suchtverhalten bei Alkohol, bei illegalen Drogen und bei legalen Drogen in Form von Medikamenten nicht zu unterschiedlich behandeln soll. Sicher wirft jede Droge auch ihre spezifischen Probleme im medizinischen und sozialen Bereich auf. Anlagebedingte Faktoren der Neigung zu Suchtverhalten sind eindeutig nachgewiesen (Saunders und Williams, 1983), und sie liegen, wie wir aus der täglich anwachsenden Fülle von neurochemischen Details schließen können, sicher im Bereich des unvorstellbar komplexen Selbstbewertungs- und Selbstbefriedigungs-Systems im Gehirn; d. h. in den Systemen, mit denen der Mensch in den einzelnen Daseinsthemenbereichen bestimmt, ob er sich wohl, sicher, schmerzfrei usw. oder umgekehrt befindet. Wie Sandler (1972) ausführt, kann die gegenwärtige, vergangene und zukünftige Wirklichkeit immer nur auf einer „hier und nun"-Gefühlsbasis bewertet werden. In jedem Moment geschieht parallel in unzähligen Themenbereichen Selbstwertung und Selbstbewertung im buchstäblichen Sinne dieser Worte. In diesem neurobiologischen Sachverhalt, der sich entsprechend auf die Logik der Verhaltensbildung niederschlagen muß, ist auch die Erklärung zu suchen, warum der Mensch nicht nur Drogen gegenüber, sondern in allen Beziehungen und Tätigkeiten suchtartiges Verhalten entwickeln kann.

Wegen der besonderen Problemstellung wollen wir hier noch kurz einige Aspekte des Problems „Jugend und Droge“ erwähnen. Die Möglichkeiten der österreichischen Suchtgiftgesetzgebung erlauben es uns, nach langer Beobachtung häufig zu erkennen, daß bei einem relativ harmlos aussehenden Mißbrauch von illegalen Drogen oft Stimmungsschwankungen beteiligt sind.
Ohne die Rolle von sozialen Faktoren leugnen zu wollen, ist dabei auf folgende Momente zu achten: Der Erstkontakt mit Drogen scheint nur relativ selten in depressiven Verstimmungen zu erfolgen, sehr häufig jedoch in leicht maniformer Grundstimmung. Ausgeprägtere Stimmungsschwankungen sind in der besprochenen Altersgruppe häufig und weitgehend physiologisch bedingt. Durch den Bedeutungswechsel der Beziehungen zu den Eltern und Autoritätspersonen auf der einen Seite und zu gleichaltrigen Personen auf der anderen Seite führen Stimmungsschwankungen besonders leicht zu verschiedensten Problemen, unter anderem auch zu Drogenproblemen.
Was man leichtfertig Neugierde nennt, ist in Wirklichkeit oft schon gesteigerte Neugierde, gesteigerter Erlebnishunger, gesteigertes Selbstbefriedigungsbedürfnis und gesteigerte Selbstnachsicht, vermindertes reales Gefahrenbewußtsein und erhöhte Verführbarkeit. Entsteht also das Risiko, Drogen und Alkohol zu mißbrauchen bei maniformen Verstimmungen aus der erhöhten Verführbarkeit, aus einem ungezügelten Erlebnishunger und aus einer gewissen Kritiklosigkeit heraus, so dominieren bei der depressiven Verstimmung doch Aspekte der Selbsttherapie. Es soll dabei aber nicht verschwiegen werden, daß auch maniforme Spannungszustände, Gereiztheit und Kommunikationsdrang bei gleichzeitiger individueller Gehemmtheit zu selbsttherapeutischen Bemühungen führen können. Ein wichtiger Gedanke ist vielleicht auch noch der, daß man häufig den Eindruck hat, der Betroffene sei nicht so sehr auf die Droge ‚süchtig‘, sondern vielmehr auf die mitmenschlichen Beziehungen, die ihm die Drogenszene bereitstellt oder bereitzustellen verspricht. Auch das hohe Ausmaß an Begleitkriminalität ist nicht nur aus der suchtbedingten sozialen Wesensveränderung heraus zu verstehen, sondern muß auch teilweise unter dem Aspekt der Stimmungsschwankung bedacht werden.
Ein Gedanke, der für Alkohol und Drogen mit Einschränkungen gleichermaßen gilt, bezieht sich auf sogenannte abnorme Alkoholreaktionen. Darunter versteht man, daß jemand im Rausch Ver-

haltensweisen zeigt, die, wenn man die Person unberauscht kennt, eigentlich uneinfühlbar sind. Aus unseren Untersuchungen geht klar hervor, daß die Neigung zu solchen abnormen Alkoholreaktionen sehr häufig Symptome manischer und depressiver Verstimmung sind, vielleicht sogar die einzig auffälligen Symptome. Einzelne dieser stimmungsabhängigen Verhaltensweisen in Rauschzuständen seien zum besseren Verständnis erwähnt: schwerste Hoffnungslosigkeit und Selbstmordtendenzen im Rausch, unkontrolliertes sexuelles Verhalten, unangemessene finanzielle Großzügigkeit und schwere Aggressionsprobleme. Diese Neigung zu abnormen Alkoholreaktionen, auch wenn sie nur vereinzelte Male im Jahr auftritt, kann sozial ein größeres Problem darstellen als ein chronischer Alkoholismus. Verschiedene Drogen können auch durch ihre chemische Wirkung bestehende Stimmungslagen noch verstärken. Dies geht fallweise bis zur Auslösung schwerster Krankheitsbilder.

Dieses Kapitel sollte nur dazu dienen, Ihnen einen Weg zum Verständnis dafür aufzubauen, warum wir im Zusammenhang mit Suchtneigung so häufig vor uneinfühlbaren Situationen stehen, so häufig dem Wechsel von Hoffnung und Hoffnungslosigkeit ausgesetzt sind und so häufig ein Pendeln zwischen Therapiewilligkeit und Therapieunwilligkeit sowie zwischen sozialen Schuldgefühlen und antisozialem Verhalten beobachten können.

8. *Problembereich Kriminalität:*

Um alle Mißverständnisse von vornherein zu vermeiden, sei gleich eingangs erwähnt, daß *die Neigung zur Kriminalität selbst mit Sicherheit nicht angeboren ist,* sondern sehr stark von frühkindlichen Erlebnissituationen und ganz allgemein von sozialen Bedingungen abhängt. Nichts desto weniger werden Verhaltenseigenheiten, die ein großes Kriminalisierungsrisiko in sich tragen, oft erst in maniformen, viel seltener in depressiven Verstimmungen subjektiv und sozial wirklich bedrohlich. Dann gibt es eine Reihe von antisozialen Verfehlungen, die z. B. schlicht und einfach aus einer manischen Verstimmung heraus zu verstehen sind.

Die Literatur ist sich relativ einig, daß schwere Verbrechen nur selten im Rahmen von schweren manischen und depressiven Krankheitsbildern vorkommen (Langelüddecke und Besser, 1976). Trotzdem wird man den Verdacht nicht los, daß es doch auch bei schwereren Stimmungsschwankungsproblemen durch das

Auftreten von sehr verdeckten manischen und depressiven Bildern zu einer Kriminalisierung von primär psychiatrisch Erkrankten kommt. Vor allem Untersuchungen bei Frauen weisen in letzter Zeit in diese Richtung (Lamb und Grant, 1983). Die Zusammenhänge der Prädisposition zu leichterer Kriminalität sind in ihrer Vernetzung zwischen Anlage zu Stimmungsschwankungsneigung und zu sonstigen Verhaltensproblemen einerseits und soziokultureller Einbettung und geschlechtsrollenspezifischen Momenten andererseits schwer zu durchschauen. Das gleiche gilt in ganz besonderem Maße für schwere Verbrechen (Cloninger et al., 1982).

Ohne einem besonderen Vorurteil anzuhängen, kann man aber behaupten, daß manische und depressive Verstimmungen, wenn es um das Verständnis und die Beurteilung kleinerer Rechtsbrüche geht, von großer Bedeutung (Dasberg und Winnik, 1980) sind. Während es in der Depression dabei auf Grund der vitalen Hemmung bisweilen zu Unterlassungsdelikten wie Zahlungsversäumnissen und ähnlichem kommt, haben natürlich manische Verstimmungszustände ein prinzipiell viel größeres Kriminalisierungspotential. Typische maniforme Delikte sind: Ehrenbeleidigung, Verstöße gegen die Autorität, Raufhändel, Diebstähle, Verkehrsdelikte, sexuelle Delikte, Eigentumsdelikte im Berufs- und Geschäftsleben, Betrugshandlungen und falsche Zeugenaussagen. Die Begleitkriminalität von Rauschgiftsucht haben wir bereits erwähnt.

Diese Zusammenhänge werden uns in Zukunft dazu zwingen, bei der Begutachtung eines Delinquenten mit äußerster Gewissenhaftigkeit nach einer abnormen Verstimmung zur Tatzeit zu fahnden, um eventuell die Tat auf dem Hintergrund einer zyklothymen Persönlichkeit verstehen und damit auch mögliche Therapie und Prävention anbieten zu können.

Unsere Aussage bedeutet selbstverständlich nicht, daß man die Gefängnisse durch Nervenkliniken ersetzen soll. Erstens geht die Erklärung des Deliktes auf einem abnormen Stimmungshintergrund nicht ganz konform mit der Bewertung der Steuerungs- und Einsichtsfähigkeit, also der vollen Zurechnungsfähigkeit, und zweitens sind im Falle der Kriminalität ja immer Schutzbedürfnisse der Gemeinschaft sinnvoll zu berücksichtigen. Die Abklärung der Diagnose einer Zyklothymie oder sonstiger Stimmungsschwankungen ist aber von enormer Bedeutung für die Abschätzung der Rückfallsgefährdung eines Delinquenten. Wägt man die

Rückfallsgefährdung und damit die notwendigen zu treffenden Sicherheitsmaßnahmen ab, dann muß man die ganze bisherige Lebensgeschichte eines Täters detailliert studieren und, so richtig der Weg einer rehabilitatorischen Justiz ist, diese Rehabilitationsbemühungen realistischer und langfristiger sehen. Was bedeutet es, die Gesellschaft zu schützen und dem Täter eine Therapie zukommen zu lassen, wenn jemand eine manische Tat setzt und das Wiederholungsrisiko vielleicht erst wieder in zehn Jahren auftaucht oder in einer ganz anderen Form auftaucht, weil er mittlerweile in eine andere Lebensphase und andere Lebenssituation getreten ist? Auch die Frage von zwangsweisen medikamentösen Therapien kann man vorläufig noch nicht als vollkommen beantwortet beiseite stellen, zumal dabei ja nicht an massive Eingriffe gedacht ist.

Mit Sicherheit ist gerade die Kriminalität ein Bereich, der dem Nervenarzt außerordentliches Verantwortungsbewußtsein und außerordentliche Kenntnisse abverlangt. Vielleicht drücken sich auch deshalb die meisten Nervenärzte vor diesem Problemkreis. Es muß auch klar festgehalten werden, daß es in der derzeitigen Begutachtungspraxis noch nicht üblich ist, die Stimmungsproblematik zur Tatzeit voll in Erwägung zu ziehen. Vorgegebene juristische Normen vertragen sich leichter mit eingespielten als mit neuartigen psychiatrischen Denkweisen. Wir haben in diesem Zusammenhang an anderer Stelle vorgeschlagen, sich bei der Beurteilung der Zurechnungsfähigkeit nicht mehr nur an den klassischen psychiatrischen Krankheitslehren zu orientieren, sondern einen Weg der Diagnose einzuschlagen, der gleichzeitig eine handlungstheoretische (Stimmungsdiagnose) und eine erkenntnistheoretische (Realitätenanalyse) Diagnose vornimmt (Mitterauer, 1984).

9. *Das Problem des Nichtseßhaften:*

Das Problem der Nichtseßhaften, das mit dem Verlust der Großfamilien und mit anderen Formen des sozialen Wandels, mit der Steigerung der Alkoholsucht und Drogenproblematik sowie mit der Änderung der Wirtschaftssituation doch bedenkliche Ausmaße annimmt, ist eine Mischung von allen vorher besprochenen Problemen und sei deshalb an den Schluß gestellt. Der Weg zur Nichtseßhaftigkeit und zum Sozialhilfeempfänger ist in einer

Welt, in der die Großfamilie in Auflösung begriffen ist, in der man nicht „normal“ leben kann, ohne eine gewisse Menge Geld zu haben, in der man perfekt funktionieren muß, um erfolgreich zu sein, und in einer Welt, die bei scheinbar kleinen Problemen nicht mehr bereit ist, dem Mitmenschen Schutz und Hilfe zu gewähren, ein Weg, auf den man allzu leicht geraten kann. Auf diesem Weg stehen zu Beginn sehr häufig gleichermaßen depressions- wie maniebedingte Probleme, die beim einen eine Ehescheidung, beim anderen den Arbeitsplatzverlust, beim dritten eine Suchtproblematik, beim vierten antisoziales Verhalten und beim fünften soziale Isolierung provozieren mögen. In den meisten Fällen aber ist es eine ungünstige Kombination solcher Probleme, wobei auch mangelnde Hilfe beim einen Faktor automatisch zur Erweiterung durch einen zweiten, dritten usw. Faktor führen kann.

Zum Verständnis für das Problem des Nichtseßhaften und sozial Hilflosen ist aber nicht nur die Berücksichtigung der Stimmungsschwankung in der Auslösung von Bedeutung. Die Stimmungsschwankungsneigungen bestimmen auch den Lebensweg – es steht ja immer ein Lebensweg bis zum Punkt der Nichtseßhaftigkeit dahinter und nicht nur einfach ein Krisenfall – und bestimmen auch ganz entscheidend die Fähigkeit des Betroffenen, sich selbst wieder aus der Krise herauszuhelfen, einen „normalen“ Lebensweg wiederzufinden. In vielen Fällen wird man aber keinen „normalen“ Lebensweg anvisieren können; man wird einen Lebensraum bereitstellen müssen, der diesem Personenkreis zu leben erlaubt, und zwar in einer Weise, die nicht menschenunwürdig ist und die individuellen Bedürfnisse und die Bedürfnisse der Gemeinschaft in ausgewogener Weise berücksichtigt. Der teuerste und für die Gemeinschaft schädlichste Weg ist sicher der Weg der Ausstoßung und moralischen Abwertung. Es wird in diesem Zusammenhang oft von sozialem Schmarotzertum gesprochen: Man sollte es sich allmählich abgewöhnen, den Begriff Schmarotzertum nur auf eine Gruppe oder eine Klasse der Bevölkerung zu beziehen. Ohne Zweifel gibt es natürlich auch im diskutierten Bereich Menschen, die eine sogenannte schmarotzerhafte Haltung an den Tag legen und sich in ihrer Situation sehr leicht zu helfen wissen, vielleicht auch wohl fühlen. In welchem Berufsstand, in welcher Gruppe von Menschen gibt es dieses Problem nicht?

Wir glauben nicht, daß die Gemeinschaft in dem Sinne Schuld an Außenseiterexistenzen trägt, daß sie allein die Ursache dafür wäre. Die Gemeinschaft ist vielleicht insoferne schuld,

a) als sie sich zuwenig Gedanken gemacht hat, wie man frühzeitige Problemsignale helfend zu beantworten hat;
b) als sie nicht versteht, daß alle gesellschaftlichen Normen Außenseiter produzieren; und
c) weil sie sich zu wenig um eine wirklich breite Erziehung ihrer Kinder und ihrer jugendlichen Staatsbürger bemüht. Die Gemeinschaft ist vielleicht auch deshalb daran schuld, weil sie
d) Ausstoßungsmechanismen ohne Widerspruch duldet;
e) weil sie ihre eigene psychische Gefährdung durch ein „krank-gesund"- und „normal-abnormal"-Schema schützt, das nicht der Wirklichkeit entspricht. Gleichzeitig darf man aber auch nicht vergessen, wie viele Kinder aus desolatesten Familien, aus widrigsten Lebensumständen und aus sozialen Außenseiterpositionen ein völlig normales Leben führen. Wir tragen auch angeborene Gefährdungen in uns, und eine erhöhte Stimmungsschwankungsneigung ist immer dahingehend besonders „gefährlich", daß man entweder besonders erfolgreich ist oder zu schweren Formen des Scheiterns im Leben neigt.

NACHWORT

In Anlehnung an die Wiener Schule (Berner, 1982) sind wir aus grundsätzlichen theoretischen Überlegungen einer Denkweise verpflichtet, die bei der Bewertung von abnormalem Verhalten sehr breit von „Grundstörungshypothesen" ausgeht. Wir haben uns hier auf manische, depressive und zyklothyme Verstimmungsneigungen (sogenannte Achsensyndrome) konzentriert. Wir haben dabei als Ziel nicht so sehr das Verständnis für schwerste psychiatrische Krankheitsbilder verfolgt, sondern das Verständnis für Leiden und Probleme, die elementar mit dem Alltagsleben verquickt sind und so oft unreflektierten moralischen Vorurteilen unterworfen werden. Wir haben damit auch die Notwendigkeit erkannt, aus der nervenärztlichen Isolierung in Krankenhaus und Praxis herauszutreten und uns sogenannten Alltagsproblemen zu stellen.

Wir sind uns bewußt, daß dieser Weg in die Öffentlichkeit zwar ein notwendiger, doch auch ein problematischer Weg ist. Der „Gesunde" wird sich gegen das Aufzeigen der Größe des Problems allzuleicht zu wehren versuchen. Die meisten Menschen mit Problemen werden sich ebenfalls dagegen wehren, auf diese Weise

indirekt einer psychiatrischen Diagnose unterworfen zu werden. Auf der anderen Seite hat unsere Gesellschaft ihre unterstützenden sozialen Qualitäten vor allem in Ballungsgebieten in einem Ausmaß verloren, daß wir dem Problem so oder so ins Auge schauen werden müssen, denn eine stimmungsschwankungsverhindernde, das heißt eine depressions- und manievermeidende soziokulturelle Gemeinschaft sind wir mit Sicherheit nicht.
Die Arbeit konnte sich nicht auf mögliche Hilfestellungen konzentrieren, sie mußte notwendigerweise im Aufzeigen der Problematik stecken bleiben. Aber die richtige Formulierung des Problems enthält auch schon die richtige Lösung und umgekehrt. Darum ist die Diskussion des Problems unverzichtbar.
In Ergänzung zum bisher Gesagten soll abschließend noch ein Punkt besonders hervorgehoben werden: Eine Wahrheit, die ausgesprochen wird, und eine gute Tat, die gesetzt wird, wird nicht dadurch ihres Wahrheitsgehaltes oder ihres Wertes beraubt, daß sie in einer manischen oder depressiven Verstimmung gesetzt wurde. Gleichermaßen verlieren andererseits natürlich auch Wahninhalte und verletzend zerstörerische Taten nicht ihre subjektive und soziale Gefährlichkeit, weil sie in auffälligen Verstimmungen auftreten. Mitleidlosigkeit, Aggressivität, Geiz, Ungerechtigkeit und die ganze andere Fülle von Lastern werden durch den Kontext der Stimmung nur relativiert im Hinblick auf das Ausmaß und ihre Unkontrolliertheit, aber nicht wirklich neutralisiert.
Die Stimmungsforschung wird erst in dem Augenblick auf dem richtigen Weg sein, wenn sie das Geheimnis akzeptiert, daß der Mensch sich nicht stimmungsmonoton verwirklicht und daß Leben in der Stimmung schwanken heißt. Es ist deshalb auch viel leichter, eine deutliche Stimmungsverschiebung zu beschreiben, als anzugeben, was normale Stimmung ist und bedeutet.

LITERATUR

ABRAMS, R. und TAYLOR, M. A. (1983): The importance of mood-incongruent psychotic symptoms in melancholia. J. Affect. Dis. 5, 179–181.

ABROMS, G. M. (1981): The diagnosis and treatment of hidden depression. Psychiat. Quart. 53, 235–241.

AKISKAL, H. S. et al. (1977): Cyclothymic disorder. Am. J. Psychiatry 134, 1227–1233.

ANDREASEN, N. C. (1979): Thought, language and communication disorders. I and II. Arch. Gen. Psychiat. 36, 1315–1330.

ANGST, J. (1983): Genetics of affective psychoses. Vortrag gehalten auf dem VII. World Congress of Psychiatry, Wien.

APTER, M. J. (1981): On the concept of bistability. Int. J. General Systems 6, 225–232.

BERNER, P. (1980): Modifications in the psychopathologic definition of schizophrenia – Alterations during the last two decades: Expectations for the future. Compr. Psychiatry 21, 475–482.

BERNER, P. (1982): Unter welchen Bedingungen lassen weitere Verlaufsforschungen noch neue Erkenntnisse über die endogenen Psychosen erwarten? Psychiatria clin. 15, 97–123.

BERNER, P., GABRIEL, E. et al. (1983): Diagnosekriterien für schizophrene und affektive Psychosen. Weltverband für Psychiatrie.

BREIER, A. und STRAUSS, J. S. (1983): Self-control in psychotic disorders. Arch. Gen. Psychiatry 40, 1141–1145.

BRISCOE, M. (1982): Sex-differences in psychological well-being. Psycholog. Medicine Monograph Supplement 1. Cambridge: Cambridge University Press.

BUNNEY jr., W. E. et al. (1972): The 'switch process' in manic-depressive illness I, II and III. Arch. Gen. Psychiatry 27, 295–317.

CARLSON, G. A. and GOODWIN, F. K. (1973): The stages of mania. Arch. Gen. Psychiatry 28, 221–228.

CASPER, R. C. et al. (1980): Bulimia. Arch. Gen. Psychiatry 37, 1030–1035.

CLARE, A. W. (198?): Psychiatric and social aspects of premenstrual complaint. Psychol. Medicine Monograph Supplement 4. Cambridge: Cambridge University Press.

CLONINGER, C. R.; BOHMAN, M.; SIGVARDSSON, S. and VON KNORRING, A.-L. (1982): Predisposition to Petty Criminality in Swedish Adoptees I, II and III. Arch. Gen. Psychiatry 39, 1233–1256.

CRAIG, T. J. und VAN NATTA, P. A. (1983): Disability and depressive symptoms in two communities. Am. J. Psychiatry 140, 598–600.

CYTRYN, L.; McKNEW, D. H. und BUNNEY jr. W. E. (1980): Diagnosis of Depression in Children. Am. J. Psychiatry 137, 22–25.

DASBERG, H. und WINNIK, H. Z. (1980): Forensic aspects of mania. in Mania: An Evolving Concept. BELMAKER, R. H. und VAN PRAAG, H. M. (eds.). Lancaster: MTP Press. (365–376).

DSM – III (1980): Diagnostic and statistical manual of mental disorders. Washington: American Psychiatric Association.

EGELAND, J. A. et al. (1983): The impact of cultural factors on diagnosis of bipolar illness. Am. J. Psychiatry 140, 67–71.

GUENTHER, G. (1977): Idee, Zeit und Materie, in Hegel-Jahrbuch 1976. BEYER, W. R. (Hg.). Köln: Pahl-Rugenstein Verlag.

GUENTHER, G. (1980 a): Martin Heidegger und die Weltgeschichte des Nichts. in: Nachdenken über Heidegger. GUZZONI, U. (Hg.). Hildesheim: Gerstenberg Verlag.
GUENTHER, G. (1980 b): Identität, Gegenidentität, Negativsprache. in: Hegel-Jahrbuch 1979. BEYER, W. R. (Hg.). Köln: Pahl-Rugenstein.
HALBREICH, U. et al. (1983): Premenstrual depressive changes. Arch. Gen. Psychiat. 40, 535–544.
HESSELBROCK et al. (1983): Affective disorder in alcoholism. Int. J. Addictions 18, 435–444.
HOOVER, C. F. und FITZGERALD, R. G. (1981): Marital conflict of manic-depressive patients. Arch. Gen. Psychiat. 38, 65–70.
HUDSON, J. I. et al. (1983): Phenomenologic relationship of eating disorders to major affective disorders. Psychiatric Research 9, 345–354.
YAN SHAN-MING et al. (1982): Prevalence and characteristics of mania in chinese patients: a prospective study. Am. J. Psychiatry 139, 1150–1153.
KARSON, C. N. (1980): A new look at delusions of grandeur. Compr. Psychiatry 21, 62–69.
KASHANI, J. H. und CANTWELL, D. P. (1983): Etiology and treatment of childhood depression: a biopsychological perspective. Compr. Psychiatry 24, 476–586.
KETAI, R. (1975): Affect, mood, emotion, and feeling: a semantic consideration. Am. J. Psychiatry 132, 1215–1217.
KLINE, N. S. (1979): Foreword. in: Manic Illness. SHOPSIN, B. (ed.). New York: Raven Press.
KOHOUT, L. J. and GAINES, B. R. (1976): Protection as a general systems problem. Int. J. General systems 3, 3–24.
KRAEPELIN, E. (1913): Psychiatrie, III. Band, 8. Auflage. Leipzig: Barth.
KRAMER, B. A. (1982): Depressive pseudodementia. Compr. Psychiatry 23, 538–544.
LAMB, H. R. and GRANT, R. W. (1983): Mentally ill women in a county jail. Arch. Gen. Psychiat. 40, 363–368.
LANGELÜDDEKKE, A. und BRESSER, P. H. (1976): Gerichtliche Psychiatrie. Berlin: De Gruyter.
LIEBER, A. L. (1980): Der Mondeffekt: Einflüsse auf den Menschen. Deutsche Übersetzung (Engl. 1978). Frankfurt/Main: Ullstein.
LUDWIG, A. M. und MURRAY, F. A. (1974): Mania and marriage: the relationship between biological and behavioral variables. Compr. Psychiatry 15, 411–422.
MAYO, J. A. et al. (1979): Families of manic-depressive patients: effects of treatment. Am. J. Psychiatry 136, 1535–1539.
MITTERAUER, B. (1984): Die Logik der Handlungsfreiheit. Systemtheoretische Grundlagen zur Beurteilung der Zurechnungsfähigkeit von Angeklagten im Strafprozeß. Forensia im Druck.
NEUGARTEN, B. L. (1979): Time, age, and the life cycle. Am. J. Psychiatry 136, 887–894.
NOWLIS, V. (1970): Mood: behavior and experience. in: Feelings and Emotions. The Loyola Symposium. ARNOLD, M. B. (ed.). New York: Academic Press. (261–272).
OWENS, H. und MAXMEN, J. S. (1979): Mood and affect: a semantic confusion. Am. J. Psychiatry 136, 97–99.

PARKER, G. B. und BROWN, L. B. (1982): Coping behaviors that mediate life events and depression. Arch. Gen. Psychiatry 39, 1386–1391.
POPE, H. G. und LIPINSKI, J. F. (1978): Diagnosis in schizophrenia and manic-depressive illness. Arch. Gen. Psychiatry 35, 811–828.
POPE, H. G. jr. et al. (1983): Migration and manic-depressive illness. Compr. Psychiatry 24, 158–165.
PRITZ, W. F. (1983 a): The mood congruent/incongruent dichotomy: the need for an advanced mood concept. Psychiatria clin. 16, 297–304.
PRITZ, W. F. (1983 b): Diagnose und Fehldiagnose: die Rolle einer operationalen Stimmungs- und Affekt-Theorie. in: Der gewandelte Schizophreniebegriff. MITTERAUER, B. und RAINER, E. (Hsg.). Weinheim und Basel: Beltz Verlag.
PRITZ, W. F. und MITTERAUER, B. (1984 a/b): Bipolar mood disorders: an affected sibling study. I. Genetic background and the course of illness. und II. Symptom correlations. Psychopathology 17, im Druck.
ROUNSAVILLE, B. J. et al. (1982): Diagnostic concordance in a follow-up study of opiate addicts. J. Psychiat. Res. 16, 191–201.
RUSAK, B. und ZUCKER, I. (1979): Neural regulation and circadian rhythms. Physiological Reviews 59, 449–526.
SANDLER, J. (1972): The role of affects in psychoanalytical theory. in: Physiology, Emotion and Psychosomatic Illness. Ciba Foundation Symposium 8. Amsterdam: Elsevier-North Holland.
SAUNDERS, J. B. and WILLIAMS, R. (1983): Review: the genetics of alcoholism. Is there an inherited susceptibility to alcohol-related problems? Alcohol and Alcoholism 18, 189–218.
SCHER, J. M. (1971): The depressions and structure: an existential approach to their understanding and treatment. Amer. J. Psychotherapy 25, 369–384.
SOVNER, R. und HURLEY, A. D. (1983): Do the mentally retarded suffer from affective illness? Arch. Gen. Psychiatry 40, 61–70.
UDELL, B. und HORNSTRA, R. K. (1976): Presenting problems and diagnosis. Compr. Psychiatry 17, 437–446.
WEINSHEL, E. M. (1970): Some psychoanalytic considerations on moods. Int. J. Psycho-Anal. 51, 313–320.
WILSON, D. R. et al. (1983): Somatic symptoms – a major feature of depression in a family practice. J. Affect. Dis. 5, 199–207.
WINDSTEAD, D. K. et al. (1981): Biorhythms: Fact or superstitions? Am. J. Psychiatry 138, 1188–1192.

WAS IST SELBSTMORD ALS IDEE? WAS IST SELBSTMORD ALS HANDLUNG?

BERNHARD MITTERAUER

I. EINLEITENDE BEMERKUNG

Nach einer Reihe wissenschaftlicher Veröffentlichungen (Mitterauer 1981 a, 1981 b, 1981 c; Mitterauer, Pritz 1983; Mitterauer, Pritz, Sorgo 1983) zum Thema Selbstmord fühlen wir uns verpflichtet, jene Menschen zu informieren, die betroffen sind, betroffen sein könnten, helfen wollen oder sich sonst interessieren. Da alle Studien im Bundesland Salzburg durchgeführt wurden, ist dieser Aufsatz in erster Linie an die Menschen unserer engsten Heimat gerichtet. Gleichzeitig aber glauben wir, daß unsere Studien über den Selbstmord in ihren Kernaussagen allgemein gültig sind. Erst in jüngster Zeit wurden einige dieser Arbeiten ins Japanische übersetzt, da namhafte japanische Gelehrte unser Modell zur Abschätzung der Selbstmordgefährdung auch für ihren Kulturkreis als nützlich erachten.

Einem in der Selbstmordforschung tätigen Arzt obliegt eine zweifache Verantwortung: einerseits muß er seine Forschungsergebnisse laufend mit der Fachwelt diskutieren, andererseits aber auch in der Öffentlichkeit aufklärend wirken, zumal diese immer mit betroffen ist. Gelingt es, allgemein verständliche Erklärungsmodelle für den Akt der Selbsttötung darzulegen, so müssen sich davon auch vorbeugende bzw. therapeutische Konsequenzen ableiten lassen.

Die nun folgende Abhandlung hat sich daher zum Ziel gesetzt, ein umfassendes Erklärungsmodell des Selbstmordes zu entwickeln und vorbeugende Maßnahmen vorzuschlagen. Um allfällige Mißverständnisse aus dem Weg zu räumen, sei bereits einleitend festgestellt, daß wir entsprechend unserer ärztlichen Tätigkeit einen biologischen Ansatz bevorzugen, ohne jedoch die psychosozialen Faktoren, welche beim Selbstmord ebenfalls eine große Rolle spielen, zu vernachlässigen.

Da in der Selbstmordforschung noch immer gewisse begriffliche Unklarheiten die Verständigung erschweren, will ich mich vor allem auch bemühen, klar zwischen Selbstmordideen (-gedanken) und Selbstmordhandlungen zu unterscheiden. Wie sich später zeigen wird, bringen logisch streng gefaßte Ausgangskonzepte dann und wann die Früchte neuer Erkenntnisse.

II. EINIGE ÜBERLEGUNGEN ZUR IDEE DES SELBSTMORDES UND ZUR ABSICHT, SICH DAS LEBEN ZU NEHMEN

„Es gibt nur ein wirklich ernstes philosophisches Problem: den Selbstmord. Die Entscheidung, ob das Leben sich lohnt oder nicht, beantwortet die Grundfrage der Philosophie." (Camus 1961).

Dieser Satz des französischen Schriftstellers und Philosophen Albert Camus stellt die Idee des Selbstmordes in das Zentrum der Spirale menschlicher Existenz. Über die Möglichkeit nachzudenken, sich das Leben zu nehmen, ist also für Camus nicht nur normal, sondern vielmehr eine wesentliche und notwendige Fähigkeit des Menschen. Ich glaube, man darf davon ausgehen, daß sich jeder Mensch irgendwann in irgendeiner Form die Frage stellt, ob sich sein Leben lohnt oder nicht. Fällt die Antwort negativ aus, so gibt es zunächst zwei typische Einstellungen, dieses Problem zu lösen:

1. Man kann trotzdem durchhalten, jedoch den Tod herbeisehnen. Oder:
2. Es wird dem Leben von eigener Hand ein Ende gesetzt.

Die Weltliteratur ist reich an Beispielen, in denen ein Mensch zur Überzeugung gelangt, sein Leben sei sinnlos und der Selbstmord die einzige Konsequenz. Allen diesen Verfechtern des „Freitodes" wird weiter unten, wenn ich meine Selbstmordtheorie entwickeln konnte, mit gewichtigen Argumenten widersprochen werden.

Es gibt Menschen, die in den verschiedensten Belastungssituationen (manche schon bei geringsten Schwierigkeiten, andere erst bei Katastrophen) geneigt sind, sich durch Selbsttötung der Belastung zu entziehen, um auf diese Weise das Problem zu lösen. Obwohl es bereits in diesem Zustand des Spekulierens mit dem Selbstmord impulsartige, plötzlich einschießende Selbstmordhandlungen gibt, besteht meist doch eine länger (Stunden bis Monate) dauernde Erwägungszeit. Es wird ständig abgewogen, was für den Selbstmord spricht und inwiefern das Leben noch eine Zukunft haben könnte. Der Lebensüberdrüssige wird von zwei gegensätzlichen Strebungen gequält, die eine ist auf Weiterleben gerichtet, die andere tendiert zur Selbsttötung.

Diesen Zustand der Selbstmordtendenz hat Erwin Ringel (1981) als praesuizidales Syndrom beschrieben. Dieses praesuizidale Syndrom charakterisiert die seelische Dynamik, die vor (lateinisch: trae) einer Selbstmordhandlung (lateinisch: suicidium) zum Tragen kommt, folgendermaßen:

1. Es besteht eine Einengung auf vielen Gebieten:

a) Einengung der persönlichen Möglichkeiten, es „herrscht die Empfindung, gleichsam von allen Seiten behindert und umzingelt zu sein, in einen immer engeren Rahmen gedrängt und gepreßt zu werden" (Ringel 1973).

b) Dynamische Einengung. Darunter versteht man, „daß sich die Dynamik der Persönlichkeit in eine einzige Richtung entwickelt, während andere Richtungen verkümmern" (Ringel 1973).

c) Einengung der zwischenmenschlichen Beziehungen. Diese Form kann sich durch Entwertung vorhandener Beziehungen oder zahlenmäßige Reduktion zwischenmenschlicher Kontakte bis hin zur totalen Isolierung entwickeln.

d) „Ein wichtiger Fingerzeig ist die Einengung der Interessen und der Wertwelt. Ein politisch engagierter Mensch liest kaum mehr eine Zeitung, für einen Fußballfan wird sein Lieblingssport bedeutungslos. Andere wiederum verzichten auf Radio, Fernsehen und sonstige Zerstreuungen, wie Konzert- und Theaterbesuch" (Pöldinger 1983 a).

2. Aggressionsanstauung und Wendung der Aggression gegen die eigene Person.

3. Selbstmordphantasien. Man stellt sich bereits die Situation während der Selbsttötung vor. Mit derartigen Vorstellungen wird anfänglich meist „nur" gespielt, mit zunehmender Einengung drängen sie sich aber zwanghaft auf. In diesem Stadium der praesuizidalen Entwicklung ist höchste Gefahr in Verzug.

An dieser Stelle unserer Betrachtungen über den Selbstmord als Idee haben wir bereits eine erste Konsequenz zu ziehen: *Selbstmordgedanken jedweder Form sind immer ernst zu nehmen und erfordern unverzüglich ein Gespräch mit einem verständnisvollen Mitmenschen.*

Selbstmordgedanken und -phantasien können sehr vielgestaltig sein und nicht selten auch versteckten Charakter haben. „Ich beneide meinen Vater, weil er schon sterben durfte", ist ebenso als Selbstmordgedanke zu werten wie „wenn du mich verläßt, erschieße ich mich". Es gibt aber Menschen, die in einer belastenden Situation plötzlich verändert sind, jedoch nicht von Selbstmord sprechen. In diesem Fall sollte man unbedingt ganz offen nach Selbstmordgedanken fragen.

Wie ich schon angedeutet habe, hat der Selbstmord als Idee eine ebenso wichtige Bedeutung für die menschliche Existenz wie etwa die Frage, ob es ein Weiterleben nach dem Tode gibt. Die Todesthematik wird aber mit einem Schlage brandgefährlich und existenzbedrohend, wenn man sich bereits auf dem Weg befindet, aus einer widerwärtigen Welt zu scheiden. Denn der Unterschied ist groß, ob man sich mit Selbstmord als Idee auseinandersetzt, um dieses Phänomen besser verstehen und allenfalls helfen zu können, oder ob schon Zeichen des praesuizidalen Syndroms auftreten. Solange ein Mensch über seine Selbsttötung nachdenkt, aber noch keinen Entschluß gefaßt hat, können wir ihm helfen.

Wie sieht es aber aus, wenn die Selbstmordhandlung bereits im Gange ist? Was verstehen wir unter Selbstmordhandlungen? Grundsätzlich unterscheidet man zwei Arten von Selbstmordhandlungen, nämlich den Selbstmordversuch und den Selbstmord.

III.
DER SELBSTMORDVERSUCH

Wie Walter Pöldinger (Präsident der Internationalen Vereinigung für Selbstmordprophylaxe) ausdrücklich feststellt, ist der Selbstmordversuch nicht als mißglückter Selbstmord anzusehen, sondern hat seine eigene Entwicklung. Ich unterscheide daher – wie andere Selbstmordforscher (Dahlgren 1945; Stengel und Mitarbeiter 1958; Schneider 1954; Shneidman und Farberow 1965; Pöldinger 1980) – streng zwischen Selbstmordversuch und Selbstmord. Der Unterschied zwischen diesen beiden Selbstmordhandlungen läßt sich unter verschiedensten Gesichtspunkten nachweisen.

Wir haben in einer aufwendigen Untersuchung im Bundesland Salzburg 161 Selbstmörder mit 161 Selbstmordversuchern verglichen. Die statistische Vergleichsanalyse ergab unter folgenden Fragestellungen signifikante Unterschiede: Geschlecht, Alter,

Familienstand, Selbstmordmethode, Umweltprobleme und berufliche Schwierigkeiten, Verlust von Bezugspersonen, sexuelle Probleme (Mitterauer 1981 c). Vor allem aber streben Selbstmordversucher und Selbstmörder gegensätzliche Handlungsziele an.
Obwohl sich der Selbstmordversucher selbst schädigt, ist seine Tat in jedem Fall ein Hilfeschrei an die Mitmenschen. Der Selbstmörder hingegen – ist der Entschluß gefaßt – löst sein Problem einzig und allein mit sich selbst – am eigenen Körper – durch Selbsttötung. Der einzige Zweck seiner Handlung ist Selbstbefreiung von den Lasten eines für ihn aussichtslosen Lebens. In den Augenblikken der Selbsttötung spielen die Mitmenschen keine Rolle mehr. Während der Patient im Selbstmordversuch seine mitmenschliche Umgebung nicht bewußt oder/und bewußt in ein *Zuwendungsverhalten* manipuliert, setzt er beim Selbstmord ein *Abwendungsverhalten* ein.
Wie unsere Untersuchungen vermuten lassen, dürfte nicht jeder Mensch die Fähigkeit zur totalen Abwendung in sich tragen, und ein Abwendungsverhalten nur durch das Zusammenwirken mehrerer bio-psychischer Bedingungen zustandekommen. Die Erforschung der bio-psychischen Bedingungen des Selbstmordes bildet das Kernstück des vorliegenden Aufsatzes. Ehe ich darauf eingehe, sind einige Informationen über Häufigkeit und Versorgung von Selbstmordversuchen im Bundesland Salzburg von Bedeutung. Zunächst einige Zahlen.

TABELLE 1.
HÄUFIGKEIT DER SELBSTMORDE IN ÖSTERREICH BZW. IM BUNDESLAND SALZBURG IM JAHRE 1981).*

	Zahl	Rate
Österreich	2032	26,9
Salzburg	130	29,4

Zahl = Gesamtzahl der Selbstmorde.
Rate = Zahl der Selbstmorde auf 100.000 Einwohner pro Jahr.

*) Beiträge zur Österreichischen Statistik 1982.

TABELLE 2.
SELBSTMORDRATEN DER BUNDESLÄNDER ÖSTERREICHS IM JAHRE 1981.

	Einwohner	Zahl	Rate
ÖSTERREICH	7 555 338	2032	26,9
Burgenland	269 771	71	26,3
Kärnten	536 179	178	33,2
Niederösterreich	1 427 849	371	26,0
Oberösterreich	1 269 540	334	26,3
Salzburg	442 301	130	29,4
Steiermark	1 186 525	361	30,4
Tirol	586 663	124	21,1
Vorarlberg	305 164	60	19,7
Wien	1 531 341	403	26,3

TABELLE 3.
SELBSTMORDE UND SELBSTMORDVERSUCHE IN ÖSTERREICH UND IM BUNDESLAND SALZBURG 1981.

	Selbstmorde		Selbstmordversuche
	Zahl	Rate	Zahl
Österreich	2032	26,9	20.320–40.640
Salzburg	130	29,4	1.300– 2.600

Die Weltgesundheitsorganisation nennt Österreich seit Jahren unter den ersten fünf Ländern der Welt, was die Häufigkeit des Selbstmordes als Todesursache betrifft. Im Jahre 1969 sind vergleichsweise nur Ungarn und Finnland vor Österreich angeführt. Wie aus Tabelle 1 zu ersehen ist, sind in Österreich im Jahre 1981 2.032 Menschen durch Selbsttötung aus dem Leben geschieden, davon allein in Salzburg 130. Das Bundesland Salzburg verzeichnet unter den neun österreichischen Bundesländern die dritthöchste Selbstmordrate (siehe Tabelle 2). Während die Selbstmordraten – von Verkehrsunfällen in selbstmörderischer Absicht abgesehen – einigermaßen verläßlich sind, ist die Dunkelziffer der Selbstmord-

versuche bedrückend hoch. In der Fachliteratur wird die Zahl der Selbstmordversuche auf das zehn- bis zwanzigfache der Selbstmorde geschätzt (siehe Shneidman und Farberow 1965).
Mit diesem Notstand will ich mich nun etwas eingehender befassen. Tabelle 3 gibt eine Schätzung der Gesamtzahl der Selbstmordversuche in Österreich und im Bundesland Salzburg im Jahre 1981 wieder. Im Bundesland Salzburg liegen die Zahlen bei etwa 1.300 bis 2.600 Selbstmordversuchen. Wir haben uns nun in der Kriseninterventionsstelle der Landesnervenklinik Salzburg die Frage gestellt, wieviele Menschen, die einen Selbstmordversuch verüben, medizinisch versorgt werden bzw. an der Landesnervenklinik durch das Team für Krisenintervention einer fachgerechten Behandlung unterzogen werden. In Zusammenarbeit mit der Salzburger Ärztekammer, dem Roten Kreuz, allen Salzburger Krankenhäusern, einem Sanatorium und den frei praktizierenden Ärzten im Bundesland Salzburg haben wir aus einer Stichprobe für das Jahr 1981 510 Selbstmordversuche in Stadt und Land Salzburg errechnet.
Mit anderen Worten: etwa 500 Selbstmordversuche wurden im Jahr 1981 medizinisch versorgt. Davon erhielten aber nur 200 an der Landesnervenklinik vom Kriseninterventionsteam eine Behandlung. Bezüglich der statistischen Methodik dieser Untersuchung erlaube ich mir auf die einschlägige Veröffentlichung zu verweisen (siehe Fartacek, Mitterauer, 1984).
Geht man nun davon aus, daß im Jahre 1981 im Bundesland Salzburg zwischen 1.300 und 2.600 Menschen einen Selbstmordversuch verübt haben, so wurden davon nur etwa 510 (zwischen 19,6% und 39,2%) medizinisch versorgt. Wir haben es also hier nicht nur mit einer erheblichen Dunkelziffer zu tun, sondern müssen gleichzeitig vermuten, daß auch für die medizinisch behandelten Fälle derzeit noch ein empfindlicher Betreuungsmangel herrscht, da nur 200, das sind 39,2 Prozent der Patienten, durch die Kriseninterventionsstelle der Landesnervenklinik Salzburg betreut wurden.
Wenn wir Ärzte uns bei den verschiedensten körperlichen Krankheiten bemühen, die bestmögliche Behandlung nach dem letzten Stand des Wissens durchzuführen, so muß diese Einstellung selbstverständlich auch bei seelischen Störungen gelten. Unseren Forschungsergebnissen und täglichen Erfahrungen zufolge sollte die Betreuung von Selbstmordversuchern gleichzeitig an zwei Punkten ansetzen:

1. Es muß ein Verständnis der Entstehung der psychosozialen Notlage erarbeitet werden, um die Krise bewältigen und daraus lernen zu können.

2. Gleichzeitig ist unbedingt erforderlich, die Abschätzung der weiteren Selbstmordgefährdung nach dem letzten Stand des Wissens vorzunehmen.

Diese Aufgabe obliegt ausschließlich dem Arzt, was ich weiter unten begründen werde.

Lassen Sie mich aber noch einige Gedanken zur seelischen Not des Selbstmordversuchers zum Ausdruck bringen. Es kann kein Zweifel daran bestehen, daß der typische Selbstmordversucher – sei es ein Schüler, eine geschiedene Frau, ein verarmter Kaufmann, ein Häftling, ein „Jedermann" – um Hilfe schreit. Wenn ein Mensch, aus welchen Gründen auch immer, nur mehr die Möglichkeit sieht, selbstzerstörerisch zu handeln, um vielleicht doch noch Zuwendung zu bekommen, so ist sein Tun ein Hilferuf, ein Schrei aus dem Abgrund einer verzweifelten Seele. Mich überkommt immer wieder das Schaudern, wenn ich Kommentare höre, wie etwa: „Die wollte uns nur erpressen, deswegen hat sie die Tabletten geschluckt", oder: „Der wollte ja gar nicht sterben, sonst hätte er sich nicht so oberflächlich in die Haut geschnitten". Derartige Kommentare bekommt man leider nicht nur von manchen Angehörigen, sondern bisweilen auch von Ärzten und Pflegepersonal zu hören.

Ich möchte aber nicht Kritik üben, ohne mich zu bemühen, die Situation aller Beteiligten zu verstehen. Man darf nämlich ohne Übertreibung behaupten, daß derartige Mißverständnisse vorwiegend durch Unwissen bedingt sind. Dies gilt sowohl für den Laien als auch für das medizinische Personal. Will man nämlich Selbstmordhandlungen und deren Wiederholung verringern, so muß sowohl die Aufklärung der Bevölkerung als auch die entsprechende Weiterbildung der Ärzteschaft gefordert werden. Mit dieser Frage werde ich mich am Ende meiner Ausführungen eingehender auseinandersetzen.

Der psychologisch orientierte Leser wird spätestens an dieser Stelle vehement bezweifeln, daß die Abschätzung der Selbstmordgefährdung (Suizidalität) ausschließlich Aufgabe des Arztes ist. Ich will daher im folgenden Kapitel ein medizinisch-biologisches Modell zur Abschätzung der Selbstmordgefährdung vorlegen, welches den Selbsttötungsvorgang erklären und die tragende Rolle des Arztes bei der Selbstmordverhütung verständlich machen soll.

IV.
UNTER WELCHEN GRUNDSÄTZLICHEN BEDINGUNGEN SETZT EIN MENSCH DIE SELBSTTÖTUNG ZUR PROBLEMLÖSUNG EIN?

Welche Faktoren müssen gleichzeitig zusammenspielen, daß sich ein Verzweifelter das Leben nehmen *kann?* Ich gehe davon aus, daß nicht jeder Mensch die Fähigkeit hat, sich abzuwenden und die Selbsttötung zu vollziehen. Abbildung 1 zeigt die fünf psychobiologischen Komponenten, deren Zusammenwirken zum Selbstmord führen kann:

1. Es besteht ein Problembereich, der bewältigt werden muß.
2. Der betroffene Mensch ist eine perfektionistische Persönlichkeit, die nur nach dem Alles-oder-Nichts-Gesetz denkt und handelt.
3. Unter Kernbelastung verstehen wir, daß es Blutsverwandte gibt, die zeitweise oder dauernd an einer seelischen Krankheit im Sinne der sogenannten endogenen Psychosen leiden bzw. litten.
4. Sind ein oder mehrere Selbstmorde in der Verwandtschaft bekannt, so sprechen wir von familiärer Selbstmordbelastung.
5. Zum Zeitpunkt der Selbsttötung läßt sich eine Veränderung der Hirnfunktionen (zerebraler Funktionswandel) feststellen.

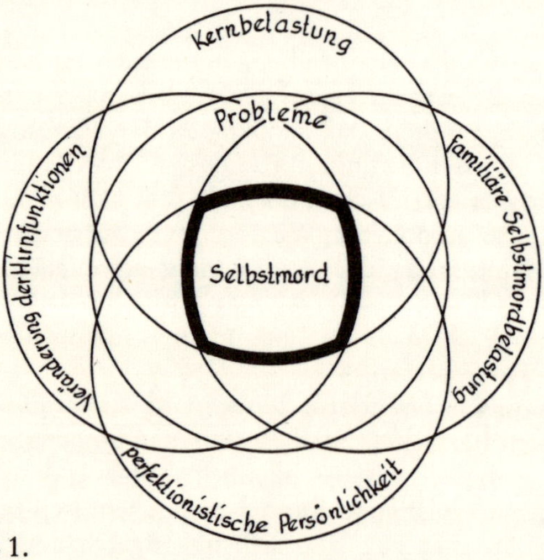

Abbildung 1.
Die elementaren psycho-biologischen Komponenten, deren Zusammenwirken zum Selbstmord führen kann.

Man kann aus Abbildung 1 deutlich ersehen, daß der Selbstmord in der kleinen Schnittfläche aller fünf Kreise liegt. Nur wenn alle fünf Bedingungen zusammenwirken, kann es überhaupt zur Selbsttötung kommen. Diese Theorie werde ich nun näher zu erläutern versuchen.

Jedes Lebewesen muß, will es am Leben bleiben, laufend Probleme lösen. Würde sich ein Mensch völlig im Strome der Ereignisse treiben lassen und nicht wenigstens zeitweise aktiv seine Umwelt beeinflussen, so müßte er zugrunde gehen. Wir erleben ständig, daß verschiedene Menschen mit unterschiedlichen Mitteln an das gleiche Problem herangehen. Wir Menschen verfügen über diverse Problemlösungsstrategien. Grundsätzlich gibt es für jeden von uns drei Gruppen von Problemlösungsstrategien:

1. Bevorzugte, durch Erziehung erlernte Problemlösungsstrategien.
2. Vernachlässigte, nicht ausreichend erlernte Problemlösungsstrategien.
3. Problemlösungsstrategien, die der eine erblich angelegt hat, der andere nicht.

Die bevorzugte Problemlösungsstrategie einer perfektionistischen Persönlichkeit besteht darin, daß ein Problem nur dann als gelöst gilt, wenn es optimal bewältigt wurde, ohne nur die geringsten Kompromisse eingegangen zu sein. Gewiß, wir Menschen haben in unserer tiefen Seele alle die Sehnsucht, möglichst perfekt zu sein und uns absolut selbst zu verwirklichen. Normalerweise lernt das Kind aber sehr bald, daß man auch verzichten muß und daß Wünsche nur zum Teil erfüllbar sind. Spätestens in der Schule hat man sich mit der Unmöglichkeit abzufinden, Prüfungsprobleme ausschließlich optimal zu lösen. Gar manchem von uns wurde von den Eltern folgendes Lernprogramm eingeprägt:

1. Erreiche das gesteckte Ziel immer ganz, Teilerfolge zählen nicht.
2. Wenn du dein Ziel nur teilweise oder gar nicht erreichst, dann gib es ganz auf, dich damit weiter zu befassen.

Es handelt sich hier um zwei Lernprogramme, welchen eine perfektionistische Logik zugrunde liegt. Die ersterwähnte Anweisung operiert nach dem Alles-oder-Nichts-Gesetz, die letztere ist existentiell formuliert, sie fordert nämlich Erfolg oder Selbstaufgabe. „Laß' es sein, du kannst es nicht gut genug", bekommt manches Kind ehrgeiziger Eltern zu hören. Oder: „Du wirst nie ein Fußballstar, höre auf, Sport zu betreiben". Da das Kind bereits gelernt hat, nach der Alles-oder-Nichts-Logik zu denken, läuft in seinem Gehirn folgende Schlußfolgerung ab: „Da ich nicht Fußball spielen kann, kann ich eigentlich gar nichts. Wenn ich nichts kann, gebe ich alles auf, auch mich selbst, mein Leben".

Ähnlich denkt der Selbstmörder aus Ehrgefühl. Die Geschichte kennt zahlreiche Persönlichkeiten, die das Ehrgefühl in den Selbstmord trieb. Ein typisches Beispiel berichtet Szittya (1925) aus dem Altertum: „Diosippus war fälschlich angeklagt, bei einem öffentlichen Gastmahle ein goldenes Gefäß entwendet zu haben. Er konnte diese Schmach nicht ertragen und stieß sich einen Dolch in die Brust." Ich vermute, daß diese absolute Erfolgslogik in frühester Zeit von der Mutter auf das Kind übertragen wird. Wir (Mitterauer, Pritz 1981) glauben, daß dem Kind bereits im Mutterleib dieses „primäre Identitätsthema" (Lichtenstein 1961) eingeprägt wird. Das Erreichen „hoher Ziele" (Bibring 1953) ist das lebenslange, schicksalsschwangere Gebot einer perfektionistischen Persönlichkeit. Die existentielle Anfälligkeit eines solchen Charakters liegt auf der Hand.

„WO DIE LIEBE LEBT, LEBT ALLES MIT,
WO DIE LIEBE STIRBT, STIRBT ALLES MIT",

so beginnt ein Gedicht einer suizidalen Patientin.

Was geht in einem Menschen vor, der sein hohes Ziel nicht absolut erreicht und nach dem Alles-oder-Nichts-Gesetz seine Wirklichkeit deutet? „Wenn ich nichts kann, bin ich nichts. Daher will ich nicht mehr leben." Bei jedem kleinen Mißerfolg fällt die perfektionistische Persönlichkeit in einen Zustand tiefer Schwermut mit Selbstmordgedanken in offener oder versteckter Form. Aus dieser leidvollen (bisweilen auch „süßen") Depression können sich drei verschiedene existentielle Wege entwickeln:

1. Ein neues Ziel wird angestrebt.
2. Chronische Depression entsteht, was dauernde Handlungsunfähigkeit bedeutet.
3. „Universale" Problemlösung durch Selbstmord.

Nun wissen wir aber aus unserer täglichen ärztlichen Erfahrung und aus der Literatur, daß zwar jeder Depressive lebensüberdrüssig ist, daß aber – Gott sei's gedankt – nur etwa zehn Prozent Selbstmord verüben. Dem Schwermütigen und dem Selbstmörder ist zwar der Perfektionismus gemeinsam, nicht aber unbedingt die Palette der Problemlösungsstrategien. Ich will diesen Unterschied herausfordernd so beschreiben: Der potentielle Selbstmörder ist zwar auch zeitweise depressiv, verfügt aber im Vergleich zu anderen Schwermütigen über die Fähigkeit, den Selbstmord als alles entscheidende Problemlösungsstrategie einzusetzen. Die für den potentiellen Selbstmörder typische perfektionistische Persönlichkeit entwickelt sich wesentlich aus der Prägung durch die Mitmenschen (wie Eltern, Erzieher und Vorbilder). Hier sind alle psychodynamischen Varianten denkbar, soweit sie nach dem Alles-oder-Nichts-Gesetz arbeiten.

Mit diesen Überlegungen, wie sich eine perfektionistische Persönlichkeit entwickelt und welche typischen Problemlösungsstrategien ihr zur Verfügung stehen, sind die beiden psychodynamischen Komponenten in Abbildung 1 vorläufig abgehandelt. Der kritische Leser wird im Begriff der perfektionistischen Persönlichkeit eine Allerweltsformulierung sehen und sich vielleicht sogar selbst darin skizziert finden. Er hat recht! Denn es ist die Schwäche aller gängigen Selbstmordtheorien, daß sie nichts darüber aussagen, was die biologischen Minimalbedingungen dafür sind, daß ein Mensch nicht eines natürlichen Todes stirbt, sondern sich vorzeitig das Leben nimmt.

Ich werde nun versuchen, die biologischen Minimalbedingungen darzulegen, welche den Selbstmord als *Handlungsvollzug* ermöglichen. Um das Wesen des suizidalen Handlungsvollzuges verstehen zu können, ist es notwendig, vorher den Stadien nachzusinnen, die jeder Selbstmörder langsam oder im Zeitraffertempo durchschreitet.

Pöldinger (1983 b) unterteilt die suizidalen Entwicklungen in drei Stadien:

1. Die Erwägung.
2. Die Ambivalenz.
3. Der Entschluß bzw. die Suizidhandlungen.

„Zunächst wird in einer kritischen Situation die Möglichkeit, das Problem durch Selbsttötung zu lösen, in Erwägung gezogen. Im nächsten Stadium entspinnt sich ein innerer Kampf zwischen lebenserhaltenden und selbstzerstörerischen Kräften, da der zum Selbstmord tendierende Mensch einerseits irgendwie am Leben hängt, andererseits sich aber nicht mehr imstande fühlt, einen ihn zermürbenden Lebensabschnitt zu bewältigen. Aus diesem Kampf können Selbstmordankündigungen resultieren“ (Pöldinger 1983 c). Die beiden Stadien der Erwägung und Ambivalenz werden am sichersten durch das praesuizidale Syndrom nach Ringel (1981) erfaßt, womit wir uns bereits weiter oben beschäftigt haben. Ringel hat mit diesem Syndrom den ideellen seelischen

Zustand des Suizidalen, nicht aber die suizidale Handlungslogik beschrieben. Der Selbstmörder erschüttert uns aber vor allem in seinem radikalen Handlungsvollzug.

Ich habe in einer handlungstheoretischen wissenschaftlichen Arbeit zwischen Entscheidung, Entschluß und Handlungsvollzug unterschieden (Mitterauer 1984 b). Obwohl bei vielen Selbstmördern Entscheidung und Entschluß zusammenfallen, gibt es auch Suizidanten, die sich irgendwann (meist öffentlich) für den „Freitod" entscheiden, jedoch erst Jahre später dazu entschlossen sind, „Hand an sich (zu) legen" (Amery 1976). Mit dem Begriff des „Freitodes" werde ich mich weiter unten eingehender auseinandersetzen. Entschluß bedeutet also, daß sich der Handlungsvollzug unmittelbar anschließt, während zum Zeitpunkt der Entscheidung die Tat noch aufgeschoben werden kann. Solange man die Selbsttötung völlig unentschlossen (ambivalent) erwägt, ist Selbstmord eine Idee, fällt aber die tödliche Entscheidung, so tritt die Handlungslogik des Selbstmordes in Kraft. Damit haben wir eine begriffliche Klärung unserer Ausgangsfragestellung: „Was ist Selbstmord als Idee, was ist Selbstmord als Handlung?" erarbeitet.

Nun zeigt aber der Selbstmord als Idee verschiedene Spielarten, die nur unter ganz bestimmten Bedingungen zum Selbstmord als Handlung führen. Ich schlage vor, vier Arten von Selbstmordideen zu unterscheiden:

1. Selbstmordideen, -phänomene, -theorien, die interessieren, ohne die eigene Existenz zu betreffen.
2. Selbstmordideen, die die eigene Existenz betreffen, ohne aber die zwischenmenschlichen Beziehungen einzuengen und Entscheidungsunfähigkeit zu bedingen.
3. Selbstmordideen, welche in einem Zustand der Entscheidungsunfähigkeit den Suizidalen weitgehend beherrschen, die Selbsttötung kann jedoch nicht vollzogen werden, es kommt höchstens zur Selbstbeschädigung im Sinne des Selbstmordversuches. Es ist sicher keine Vereinfachung, wenn man jeden Zustand existenzbedrohlicher Entscheidungsunfähigkeit als schwere Depression bezeichnet.
4. Selbstmordideen, die den Zustand schwerer Depression durch Selbstmord überwinden.

Wir sind in der guten Gesellschaft namhafter Gelehrter (Angst 1980, Kety 1979), wenn wir annehmen, daß der Mensch nur dann in eine schwere Depression geraten kann, wenn er dazu erblich veranlagt ist. Die für den Selbstmörder charakteristische perfektionistische Persönlichkeit muß zusätzlich mit sogenannten endogenen Psychosen erblich belastet sein, um in eine schwere suizidale Depression geraten zu können. Wir sprechen von Kernbelastung, wenn in der Verwandtschaft endogene Psychosen (Depression, Manie, Schizophrenie) vorkommen. Damit sind nicht nur schwere Geisteskrankheiten mit Nervenklinik-Aufenthalten, sondern vor allem auch periodisch wiederkehrende Verstimmungen, wie zum Beispiel menstruationszyklusabhängige Stimmungsschwankungen, gemeint.

Selbstmord als Idee erreicht in der suizidalen Depression die größte Existenzbedrohung, zumal der Kranke weitgehend entscheidungs- und handlungsunfähig ist. Doch wissen wir, daß etwa 90 Prozent der Schwermütigen durch medikamentöse Hilfe oder spontan wieder aus diesem Zustand herauskommen, voll lebensfähig werden und schließlich eines natürlichen Todes sterben. Einige wenige Depressive befreien sich selbst aus diesem leidvollen Zustand, indem sie plötzlich von Handlungsunfähigkeit in absolute Handlungsfähigkeit umschlagen. Ab dem Zeitpunkt des Handlungsentschlusses läuft der zur Selbsttötung führende Handlungsvollzug unaufhaltsam ab, selbst dann, wenn Mitmenschen noch während des Handlungsablaufes vom Suizidanten informiert werden.

Während in den Stadien der Erwägung und Ambivalenz der Suizidant noch auf Kommunikation (Zuwendung, Hilfe) ausgerichtet ist, schlägt zum Zeitpunkt des Entschlusses Kommunikation in Antikommunikation um. Der Selbstmörder unterscheidet sich daher vom Selbstmordversucher vor allem dadurch, daß er über die Fähigkeit verfügt, von lebenserhaltender Kommunikation in selbstvernichtende Antikommunikation umzuschlagen. „Mit dem Konzept der *Umschlagsfähigkeit* wird ein Versuch unternommen, das Abwendungsverhalten mit der signifikanten Häufigkeit selbstmordbelasteter Familiengeschichten, die in allen unseren Untersuchungen zu finden ist, in Beziehung zu setzen" (Mitterauer 1981 c). Umschlagen heißt zunächst nur, daß das Gehirn seine Beziehungen zur Umwelt schlagartig abbricht, was phänomenologisch als Abwendungsverhalten imponiert. Die Fähigkeit zu diesem Umschlagen aber dürfte eine erblich übertragene Eigenschaft sein, über welche nicht alle Menschenhirne verfügen. Darunter verstehe ich hier ein Programm, das bei manchen Menschen im Falle der subjektiven Erfolglosigkeit die totale Selbstvernichtung (Selbstmord) als Problemlösungsstrategie vorschreibt.

Es gibt Daten, welche die These, nicht jeder Mensch verfüge über die Fähigkeit zur Selbsttötung, unübersehbar erhärten. Dies zeigte sich – um ein zeitgenössisches Beispiel zu wählen – besonders deutlich bei dem aufsehenerregenden Massenselbstmord von Jonestown (Guyana) im Jahre 1978 (Zee 1980). In diesem, aber auch in anderen ähnlich gelagerten Fällen ist immer folgendes Phänomen zu beobachten: Eine führende Persönlichkeit entscheidet für die gesamte Gemeinschaft einiger hundert oder noch mehr Menschen, daß der Selbstmord der einzig mögliche Weg ist, sich aus einer bestimmten Notlage zu befreien. Aber nur ein Teil der Betroffenen ist imstande sich das Leben zu nehmen, die übrigen werden getötet, sofern sie nicht in der Flucht einen Ausweg suchen (siehe Singer 1980).

Burvill und Mitarbeiter (1982) berichten, daß Einwanderer nach Australien – unabhängig davon, wie lange sie dort leben – die Selbstmordraten ihres jeweiligen Heimatlandes „mitnehmen“. Zur Erklärung dieser Tatsache muß man wohl erbliche Faktoren heranziehen.

Wir vermuten nun, daß bei einer suizidbelasteten Familiengeschichte auch auf die anlagebedingte Fähigkeit des Gehirns, das antikommunikative Prinzip einzuschalten und damit die Selbsttötung ins Werk zu setzen, geschlossen werden darf.

Kernbelastung und familiäre Selbstmordbelastung sind daher zwei wesentliche biologische Komponenten des Selbstmordgeschehens. Diese für den Arzt so wichtigen Zusammenhänge zur Früherkennung und Verhütung des Selbstmordes sollen nun durch wissenschaftliche Untersuchungen gestützt werden.

Die Feststellung von Schulsinger und seinen Mitarbeitern (1979), „daß erbliche Faktoren bei der Übertragung suizidalen Verhaltens eine Rolle spielen“, haben wir in mehreren eigenen Studien bestätigen können. Wie wir aber bei unseren Untersuchungen laufend erfahren müssen, resultieren die relativ niedrigen Zahlen bezüglich suizidpositiver Familiengeschichte aus einem für Selbstmorduntersuchungen charakteristischen Informationsmangel. Viele der befragten Angehörigen wissen von ihrer Verwandtschaft bzw. ihren Vorfahren einfach zuwenig. Andere wiederum haben verwandte Selbstmörder „verdrängt“. Ein nicht geringer Prozentsatz gibt bewußt eine falsche Auskunft. Die von uns ermittelte, im Vergleich zur Literatur hohe Zahl suizidpositiver Familiengeschichten – sie liegt nach den derzeit vorliegenden Ergebnissen zwischen 49,6 und 71,9 Prozent – ist durch die zusätzliche Information aus einer Studie zur Vererbung des manisch-depressiven Krankheitsgeschehens entstanden. Ferner wurden andere bewährte Informationsquellen – wie Pfarrer, Ortsälteste und nicht zuletzt die Hausärzte – herangezogen.

Wenn wir eine erbliche Selbstmordbelastung annehmen, so muß selbstverständlich auch die Frage diskutiert werden, ob die Suizide der Familienangehörigen nicht Folge einer endogenen Psychose gewesen sind, so daß in Wirklichkeit nur von einer erblichen Belastung mit endogenen Psychosen gesprochen werden kann, bei denen Suizide bekanntlich häufig vorkommen. Diese gängige Vermutung, daß die familiäre Selbstmordbelastung aus der Belastung mit endogenen Psychosen resultiert, können wir anhand von 110 Stammbäumen, die für die Salzburger Landbevölkerung repräsentativ sind, entscheidend entkräften.

Abbildung 2 zeigt die Verteilung der Psychosenbelastung in Familien mit Suiziden und ohne Suizide übersichtlich und eindrucksvoll. Die Kurve aller Stammbäume mit endogenen Psychosen unterscheidet sich unwesentlich von den beiden Kurven der Stammbäume mit Suizidbelastung bzw. ohne Suizidbelastung. Daraus ist zu schließen, daß die Erbanlage, sich das Leben nehmen zu können, eigenständig und nicht mit der Kernbelastung identisch ist. Der Genauigkeit halber ist für den interessierten Leser der nicht signifikante statistische Wert angegeben.

Doch das Zusammenwirken von Kernbelastung und erblicher Selbstmordbelastung reicht nicht aus, um den Selbstmord in seiner Handlungsradikalität befriedigend erklären zu können (siehe Abbildung 1).

Wir fordern als dritte biologische Komponente, daß zum Zeitpunkt der Selbsttötung die Funktionen des Gehirns verändert sind (zerebraler Funktionswandel). Mit Conrad (1958) verstehen wir unter einem zerebralen Funktionswandel zunächst nichts anderes, als daß die Funktionen des Gehirns im Vergleich zur Normalfunktion vorübergehend oder dauernd verändert sind. Da das Gehirn als verhaltensproduzierender Apparat verstanden werden kann, muß sich ein zerebraler Funktionswandel auch in einem veränderten Verhalten zeigen. So ist auch im Falle der Suizidalität ein verändertes Verhalten evident. Man ist aber gerade beim Suizidalen immer wieder mit dem Problem konfrontiert, daß ein zerebraler Funktionswandel als eine sein Verhalten mitbestimmende Komponente oft nicht unmittelbar auf der Hand liegt. Kurzum: Nur eine exakte nervenärztliche Diagnostik kann den beim po-

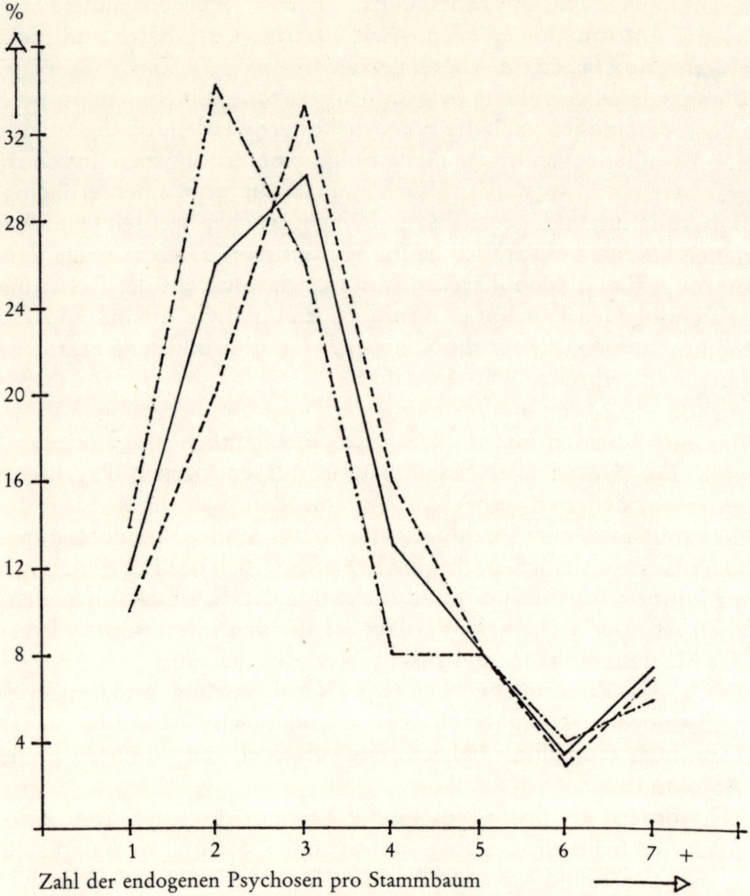

——————— Stammbäume mit endogenen Psychosen (N = 110)
– – – – – – Stammbäume mit Suizidbelastung (n = 60)
–·–·–·–· Stammbäume ohne Suizidbelastung (n = 50)

ABBILDUNG 2.
Verteilung der Psychosenbelastung in Familien mit Suiciden und ohne Suicide ($chi^2 = 5{,}11$; $df = 6$; $p = \approx 0{,}5$).

tentiellen Selbstmörder oft nur diskret vorhandenen zerebralen Funktionswandel feststellen. Die Gehirnfunktionen können entweder von innen her im Sinne einer endogenen Psychose, Depression, Manie, Schizophrenie oder von außen her durch schädigende Einflüsse auf das Gehirn bedingt sein. Typische äußerlich verursachte Schädigungen des Gehirns sind Gehirnerschütterungen, der Alkoholrausch, allgemein medizinische Erkrankungen (Entzündungen, Vergiftungen, Gefäßverkalkungen im Alter etc.).

An dieser Stelle ist es wichtig zu verstehen, daß man zwar nur aufgrund einer Kernbelastung mit endogenen Psychosen in einen Zustand lebensüberdrüssigen Schwermutes (suizidale Depression) geraten kann, daß dieser Zustand aber nicht durch eine eigene endogene Psychose ausgelöst sein muß, sondern daß die Funktionen des Gehirns auch durch andere Ursachen verändert sein können. Kernbelastung und familiäre Selbstmordbelastung allein genügen nicht, um den Selbstmord zur tödlichen Problemlösung einzusetzen. Dies scheint einleuchtend zu sein und ist bewiesen. Es nehmen sich ja nicht alle Familienmitglieder das Leben, selbst wenn bereits ein Angehöriger dieses tragische Schicksal erlitten hat. Erst ein zerebraler Funktionswandel bewirkt, daß sich der Suizidale völlig in seine Welt zurückzieht. Die früher oft vielgestaltige Umwelt reduziert sich total auf den eigenen Körper. Hier sieht der Verzweifelte den einzigen Ort, wo eine Lösung gefunden werden kann. Aus unseren Untersuchungen läßt sich zwanglos schließen, daß der zerebrale Funktionswandel die für den potentiellen Selbstmörder typische Einengung verursacht. Einengung wiederum ist Ausdruck der Unfähigkeit, normalerweise vorhandene Problemlösungsstrategien einzusetzen. Solange dieser Zustand der Einengung besteht, ist der Suizidale auch weitgehend unfähig, Hilfe anzunehmen.

Zusammenfassend läßt sich aus psycho-biologischer Perspektive der potentielle Selbstmörder folgendermaßen beschreiben:

Eine perfektionistische Persönlichkeit, in deren Verwandtschaft endogene Psychosen und Selbstmorde vorkommen, ist zu einem bestimmten Zeitpunkt aufgrund veränderter Hirnfunktionen so eingeengt, daß sie zur Lösung einer Problemsituation die Selbsttötung einsetzen muß.

Ehe ich mich mit dem „Freitod“ und der Selbstmordverhütung befasse, möchte ich eine Frage aufwerfen, die in der Literatur noch immer zuwenig Beachtung findet: Wie fühlt sich der Selbstmörder, wenn er an Selbstmord denkt? In welcher Stimmung befindet er sich in den Augenblicken, in denen er die Selbsttötung ausführt? Ich versuche also die Stimmung eines Menschen zu beschreiben, der nicht nur an Selbstmord denkt oder einen Selbstmordversuch unternimmt, sondern sich selbst tötet.

Während es für den „Hilfeschrei" des Selbstmordversuchers keinen typischen Affekt geben dürfte, erleidet und erlebt der Selbstmörder in seiner suizidalen Entwicklung zwei typische Stimmungszustände:

1. Im Stadium der Entscheidungs- und Handlungsunfähigkeit (Ambivalenz) herrscht tiefe Schwermütigkeit (Depression), worauf ich bereits hingewiesen habe.
2. Ab dem Zeitpunkt des Entschlusses wird die Selbsttötung in einem Gefühl der *Befreiung* (Liberation) vollzogen.

Wenn der potentielle Selbstmörder an Selbstmord denkt und entscheidungsunfähig ist, leidet er an Depression, legt er aber Hand an sich, um durch diese Tat sein Leben zu beenden, so erlebt er diesen Akt als Befreiung (Liberation) (Mitterauer 1984 a).

Warum der echt Suizidale, solange er nicht handeln kann, schwermütig ist, habe ich bereits dargelegt. Er leidet unter seiner Handlungsohnmacht. Eine perfektionistische Persönlichkeit will in ihrer tiefsten Seele nur Potenz (bis hin zu Allmachtsphantasien) und kann den Zustand willenloser, impotenter Hilflosigkeit und Schwäche kaum ertragen. Wird der Depressive aber plötzlich wieder handlungsfähig, ja sogar „potent", sich das Leben zu nehmen, dann muß dieser Zustand mit einer Stimmung der Befreiung einhergehen. Es ist daher bei der Beschreibung der Stimmung des Suizidalen von größter Wichtigkeit, zwischen der kognitiv-ideellen und der volitiv-handlungsbedingten Affektlage zu unterscheiden.

Aus Gesprächen mit zufällig geretteten Selbstmördern und aus Abschiedsbriefen, die mit Sicherheit während des suizidalen Handlungsvollzuges (nach dem Entschluß), geschrieben wurden, wissen wir, daß das zuletzt erlebte Gefühl einer Befreiung gleichkommt.

Um näher zu erläutern, was ich meine, möchte ich die Abschiedsbriefe von zwei durch Zufall geretteten Suizidanten auszugsweise wiedergeben.

Der erste Abschiedsbrief stammt von einer jungen Frau, die wegen eines Selbstmordversuches bereits in einer Nervenklinik behandelt werden mußte. Sie ist nach ihrer Entlassung wieder völlig gesund, hat scheinbar keine größeren Alltagsprobleme. Im Rahmen einer

depressiven Verstimmung bekommt sie plötzlich starke körperliche Beschwerden. Da sie diese nicht mehr aushält, nimmt sie eine mehrfach tödliche Dosis Schlaftabletten ein. Nachdem sie alle hundert Stück hinuntergeschluckt hatte und sicher fühlte, daß alles „klappen“ würde, schrieb sie folgenden Abschiedsbrief:
„Ich hatte keine Kraft mehr, das alles noch einmal durchzustehen. Ich glaube, es geht mir drüben ohne Körper besser. Ich habe zu gerne gelebt, deshalb kann ich nicht immer dahinsiechen und das Leben vorbeiziehen lassen. Ich bin glücklich, von diesen Qualen erlöst zu werden“.
Am nächsten Tag wird sie durch Zufall tief bewußtlos gefunden.

Ein fünfundzwanzigjähriger Mann leidet seit etwa zehn Jahren darunter, daß er keinen weiblichen Körper hat. Eines Tages beschließt er, sich mit Rattengift zu töten. Auch ihn rettet der Zufall. Nach der Gifteinnahme schreibt er seinen Eltern in einem langen Brief unter anderem folgendes:
„Liebe Eltern!
In der Natur wird jedes Problem gelöst, auch wenn die Lösung noch so brutal ist. Wenn das nicht so wäre, dann gäbe es keine Evolution.
Mein Problem, das ich nun lösen will, ist, daß ich kein Mann, sondern eine Frau sein will. Die Frage, was das seelische Geschlecht ist, würde ich so beantworten, daß der Seele eine bestimmte Körperform emotional entspricht und wenn sich während des Lebens diese Einheit zwischen der wirklichen Körperform und der emotional richtigen Körperform stark auseinander entwickelt, dann kann das ein Widerspruch zwischen dem seelischen und dem körperlichen Geschlecht sein. Mir ist ein Ende mit Schrecken lieber, als ein Schrecken ohne Ende, und ich will vor allem ganze Lösungen und keine halben . . . Ich hoffe, ihr kommt relativ gut über den schweren Verlust hinweg, aber für mich ist es eine Erlösung“.
In diesen Worten herrscht so tragisch wie auch eindrucksvoll die Logik des Alles-oder-Nichts des Perfektionisten. Nur die „ganzen Lösungen“ und „keine halben“ zählen. Für diesen Mann gibt es keine Linderung des Leidens, er will Erlösung durch suizidale Selbstbefreiung. Früher hat man den Selbstmord auch als Selbstentleibung bezeichnet.
Der Maler Ludwig Kirchner, der unter Depressionen litt und durch Selbstmord endete, hat zu diesem Thema eine einzige Arbeit

ABBILDUNG 3.
„Selbstmörderin" (von Ludwig Kirchner gemalt).

geschaffen, die er „Selbstmörderin“ benannt hat. Betrachtet man dieses Bild (Abbildung 3) genau, so ist zu erkennen, daß die „Selbstmörderin“ eigentlich nicht ihre Kleider, sondern ihren Körper auszieht. Sie befreit sich also von ihrem Körper – sie „entleibt“ sich. Hat dieser große Künstler intuitiv erfaßt, daß der Akt des Selbstmordes in der Stimmung der Befreiung vollzogen wird?

V.
GIBT ES DEN FREITOD?

Gerade die letzten Überlegungen zur Stimmung der Befreiung sind nur allzu verführerisch, einen zum Verfechter des „Freitodes“ werden zu lassen. Gibt es wirklich „normale“ Selbstmörder, die sich im Zustand völliger Entscheidungs- und Handlungsfreiheit von einem subjektiv unerträglichen Leben gewaltsam befreien? Unter der Perspektive der Freiheit zeigt die Dialektik unserer Ausgangsfragestellung: „Was ist Selbstmord als Idee, was ist Selbstmord als Handlung?“ ein neues Gesicht: Was ist Freiheit als gedankliche Entscheidung, was ist Freiheit als Handlung?
Diese Fragestellung soll nun am Beispiel der suizidalen Entwicklung eines Selbstmörders diskutiert werden. Ich schlage vor, den bereits besprochenen Stadien der suizidalen Entwicklung noch einmal nachzusinnen und schrittweise erneut die Frage nach Denk- bzw. Handlungsfreiheit zu stellen.
Wir haben im vorigen Abschnitt bereits vier Arten von Selbstmordideen unterschieden:

1. Interesse für den Selbstmord als Phänomen.
2. Selbstmordgedanken, welche die eigene Person jedoch noch in keiner Weise beeinträchtigen. Das heißt, man ist in den verschiedensten Lebensbereichen noch voll entscheidungsfähig, also noch nicht thematisch auf den Selbstmord eingeengt. Es herrscht Freiheit, mit dem Thema Selbstmord so oder so umzugehen und gedanklich alle möglichen Variationen der Entscheidung durchzuspielen. An dieser Stelle der suizidalen Entwicklung sind Selbstmordgedanken noch frei.
3. Schreitet dieser Prozeß aber fort, so engt sich der Themenreichtum des Alltaglebens auf ein einziges Thema ein: den Selbstmord. Ab jetzt wird ständig abgewogen, ob man sich das Leben nehmen soll oder nicht. Plötzlich kann sich der Suizidale gedanklich nicht mehr entscheiden, was er tun soll. Er ist schwer depres-

siv. Die Einsicht für andere Möglichkeiten, welche noch immer vorhanden sind, geht verloren. Der Suizidale kann nicht mehr zwischen verschiedenen Möglichkeiten wählen, was Freiheit bedeuten würde.

Glücklicherweise kommen viele Menschen aus dieser depressiven Episode wieder heraus, indem die Depression abklingt und damit der Blick für eine bunte Welt wieder geöffnet wird, was schließlich die gedankliche Entscheidungsfreiheit bis hin zu freien Handlungsmöglichkeiten mit sich bringt.

4. Da es uns aber um die Frage nach dem Freitod geht, muß die suizidale Entwicklung bis an die Schwelle der Selbsttötung diskutiert werden. Bleibt die Situation gedanklich-depressiver Einengung bestehen, so fällt beim Selbstmörder irgendwann die Entscheidung, sich das Leben zu nehmen. Diese Entscheidung ist, falls sie in der Depression getroffen wird, *unfrei.* Es kommt ja thematisch nur noch der Selbstmord als Problemlösungsstrategie in Frage.

Meistens folgt unmittelbar auf die gedankliche Entscheidung der Entschluß, zu handeln. Ab dem Zeitpunkt des Entschlusses läuft der suizidale Handlungsvollzug mit einer automatisierten Präzision ab, welche ich mit dem Countdown eines Raketenstartes verglichen habe (Mitterauer 1981 b). Der Suizidale wendet sich von seiner Umwelt ab, zieht sich gänzlich in seine subjektive Welt zurück, sein eigener Körper ist der Ort, wo die letzte große Problemlösung durch Selbsttötung ins Werk gesetzt wird. Die Tat muß vollzogen werden, der Suizidant hat keine Möglichkeit mehr, den Handlungsablauf so zu steuern, daß es nicht zur Selbsttötung kommt. Der Selbstmord wird daher in einem Zustand absoluter Unfreiheit verübt.

Man darf also das Freitod-Problem nicht mit ausschließlichen Für- oder Gegenantworten behandeln: *Der Selbstmord hat als Idee durchaus seine Freiheitsmomente, der Akt der Selbsttötung hingegen ist eine absolut unfreie Handlung.* Selbstmord ist weniger Freitod als vielmehr Selbstbefreiungstod.

Es gibt aber noch eine weitere Spielart, die zum Selbstmord führt. Sie wird uns von den berühmten Verteidigern des „Freitodes“ vorexerziert. Bei diesen Menschen läuft die suizidale Entwicklung meist folgendermaßen ab: Zunächst hat die Idee des Selbstmordes etwas Faszinierendes. Dann wird irgendwann die Entscheidung öffentlich bekanntgegeben, daß man sich – im Falle eines unerträglich gewordenen Lebens – selbst töten werde. Später, oft erst nach

Jahren, fällt der Entschluß sich zu töten, worauf sich dann unmittelbar der „Freitod" anschließt.

Ich möchte nun diese Stadien der suizidalen Entwicklung kurz mit zwei Beispielen illustrieren:

Jean Amery hat in seinem Buch „Hand an sich legen. Diskurs über den Freitod", 1976, die Entscheidung bekanntgegeben, sich durch Selbstmord von einem ihm widerwärtigen Leben zu befreien. Der Entschluß zum Selbstmord ist aber erst 1978 gefaßt worden, als er sich in einem Salzburger Hotel mit Schlaftabletten das Leben genommen hat.

Die New Yorker Malerin Jo Roman wiederum hat „schon in frühen Jahren als vitale Frau den Plan gefaßt, aus dem Leben zu gehen, wenn sie eines Tages Anzeichen von Vergreisung an sich entdecken sollte – doch dann veranlaßte die Tatsache, daß man bei ihr Brustkrebs in bereits unheilbarem Stadium feststellte, sie dazu, ihren Entschluß früher in die Tat umzusetzen" (1981).

„Der Spiegel" (21/1981) berichtet über ihren Selbstmord unter anderem folgendes:

„Es schien eine Party wie viele andere: Gäste scherzten und lachten miteinander und tauschten Erinnerungen aus, im Hintergrund erklang gedämpfter Jazz, und zu den üblichen Häppchen gab es reichlich Champagner. Außerordentlich war nur der Anlaß für das Fest – die Gastgeberin feierte ihren Abschied vom Leben. Als die Gäste gegangen waren, duschte sie, schlüpfte in ihr pinkfarbenes Lieblingsnachthemd, ging zu Bett und ließ sich von ihrem Mann noch einmal Champagner nachschenken. Damit schwemmte sie um 5.30 Uhr die tödliche Dosis von 35 Seconal hinunter, jeweils fünf bis sieben Kapseln auf einmal. Vier Stunden später benachrichtigte der Ehemann die Polizei: seine Frau Jo Roman, so teilte er mit, sei friedlich, im Schlaf, wie sie es sich gewünscht hatte, gestorben."

Unter der Perspektive des „Freitodes" zeigt die suizidale Entwicklung dieser Frau eine Variante: Die Entscheidung für den Selbstmord dürfte in gedanklicher Freiheit getroffen worden sein, da sie vermutlich nicht depressiv eingeengt war, sondern der „Freitod" ein wichtiges, jedoch bei weitem nicht das einzige Thema der Künstlerin gewesen war. Gegenteilig aber verhält es sich, wenn man die Freiheitsfrage zum Zeitpunkt der Selbsttötung stellt. Jo Roman ist schwer krebskrank und trinkt in den Stunden des suizidalen Handlungsvollzuges, nachdem der Entschluß gefaßt war, reichlich Champagner. Wenngleich wir über die Familiengeschichte dieser Frau bezüglich Nervenkrankheiten und Selbstmorde zu wenig wissen, ist die Einengung, die erst Jahre später zum Selbstmord führte, eindeutig medizinisch-biologisch erklärbar. Einerseits ist es wissenschaftlich gesichert, daß ein schweres Krebsleiden aufgrund der veränderten Stoffwechsellage des Körpers einen zerebralen Funktionswandel erzeugt, andererseits weiß auch jeder Nicht-Mediziner allzugut, wie sehr Alkohol das Verhalten beeinflußt. Daher kann zum Zeitpunkt der Selbsttötung an einem zerebralen Funktionswandel dieser Malerin kein Zweifel bestehen. Leider ist uns in der Selbstmordforschung tätigen Ärzte oft über die medizinisch interessante Lebensgeschichte berühmter Selbstmörder zu wenig bekannt, um in jedem Fall gegen die Ideologie des absoluten Freitodes beweiskräftig argumentieren zu können.

Die im vorigen Abschnitt skizzierte perfektionistische Persönlichkeit des Selbstmörders tritt bei den berühmten Vertretern des „Freitodes" besonders deutlich zutage. Häufig treibt ein körperbezogener Perfektionismus jene sich selbst exponierenden Menschen in den Selbstmord. Alle berufen sich darauf, daß das Altern (Amery 1968), die Vergreisung (Roman 1981), Krankheit (Kamlah 1976) und andere körperliche Schwächen unerträgliche Widerfahrnisse seien, welche berechtigten, den „Freitod" zu wählen.

In diesem Zusammenhang schreibt Carl Zuckmayer (1971) in seiner Autobiographie „Als wär's ein Stück von mir" folgendes über Stefan Zweig: „Einer seiner sonderbarsten Wesenszüge, in denen wohl schon die Tragik seines Freitodes ihren Schatten vorauswarf, war seine unerklärliche Angst vor dem Altern. Ich habe das bei keinem anderen Menschen, auch bei keiner Frau, in einer solchen Gradstärke kennengelernt."

Wer das faszinierende Buch von Emil Szittya (1925) „Selbstmörder. Ein Beitrag zur Kulturgeschichte aller Zeiten und Völker" liest, gewinnt den Eindruck, daß jeder Selbstmörder einen Themenbereich durch Erziehung und Lebensgeschichte tief eingeprägt in sich trägt, den er optimal verwirklichen muß. Gelingt ihm dies nicht, so nimmt er sich in der depressiven Stimmung der Schwäche und Impotenz (Ohnmacht) das nunmehr sinnlose Leben.

Dieser Prozeß vom ersten Selbstmordgedanken bis hin zur allerletzten Tat der Selbsttötung kann sich in ganz unterschiedlichen Zeitspannen entwickeln. Dauert es jahrelang, so kann vielleicht eine entscheidende Umstimmung und damit ein neuer Lebenswille erreicht werden. Läuft die suizidale Entwicklung aber im Zeitraf-

fer von Stunden bis Minuten ab, so sind wir leider oft machtlos. Ein extremes Beispiel für einen solchen Selbstmord ist der gar nicht so seltene im Alkoholrausch.
Von einem dieser Schicksale haben wir erst in jüngster Vergangenheit wieder erfahren, als sich ein dreißigjähriger Mann aus Liebeskummer auf einer Party betrank und sich anschließend in seiner Wohnung erhängte. Da niemand von seinem Lebensüberdruß wußte, könnte es sein, daß ihm in der Berauschung zum erstenmal bewußt die Idee des Selbstmordes „eingeschossen" ist und sich Entscheidung, Entschluß und der Akt der Selbsttötung in einem „Atemzug" ereignet haben. Diese Vermutung wird durch die klinische Beobachtung gestützt, daß sich alkoholisierte Selbstmörder, die durch Zufall gerettet wurden, häufig nicht zu ihrer Tat bekennen. Im nüchternen Zustand lehnen sie oft sogar die Idee des Selbstmordes als verwerflich und sinnlos ab. Ist eine diagnostische Abklärung möglich, so finden wir fast immer eine erbliche Selbstmordbelastung, welche erst durch Alkoholisierung (Veränderung der Hirnfunktionen) zum Tragen kommt.
So mancher Leser wird sich allmählich fragen, welche Rolle eigentlich die Mitmenschen spielen, wenn sie in der Nähe eines Suizidanten seinen Selbstmord mitansehen müssen. Haben wir teilnahmslos zugesehen? Hätte man helfen können, oder sind wir sogar schuldig geworden? Ehe ich mich im letzten Abschnitt dieser Studie mit den Möglichkeiten der Selbstmordverhütung auseinandersetze, ist es mir ein großes Anliegen, einige Bemerkungen zur oft sogar gerichtlich verfolgten Schuldfrage eines oder mehrerer Mitmenschen eines Selbstmörders anzuführen.
Es dürfte aus unseren bisherigen Überlegungen klar hervorgehen, daß die suizidale Entwicklung, so lange sie Idee ist, durch mitmenschliche Hilfe zu unterbrechen ist (darüber im nächsten Abschnitt). Gegenteilig verhält es sich aber ab dem Zeitpunkt, zu dem der Entschluß zum Selbstmord gefaßt ist und der suizidale Handlungsvollzug in Kraft tritt. Spielen nämlich alle fünf Komponenten, wie sie in Abbildung 1 dargestellt sind, zusammen, so befindet sich der Suizidale – bedingt durch einen zerebralen Funktionswandel – im Zustand absoluter Selbstbezogenheit. Ich wiederhole: Ab dem Zeitpunkt des Handlungsentschlusses läuft der zur Selbsttötung führende Handlungsvollzug unaufhaltsam ab, selbst dann, wenn Mitmenschen vom Suizidanten noch während des Handlungsablaufes informiert werden. Hier kann nur mehr ein Zufall rettend sein. Gestatten Sie mir ein Gleichnis:

Ein Mann hat sich entschlossen, an das andere Ende der Stadt zu fahren, um sich dort vor den Zug zu werfen. Er setzt sich in sein Auto und fährt los. Er kennt die Strecke ganz genau, zu oft ist er sie schon gefahren. Jeder von uns, der regelmäßig dieselbe Route mit dem Auto fährt, erlebt bisweilen, daß er plötzlich am Ziel angelangt ist, ohne den Weg bewußt zurückgelegt zu haben. So auch der suizidale Mann unseres Gleichnisses. Er denkt nur daran, rechtzeitig die Bahnlinie zu erreichen, um sich vor den herannahenden Eilzug zu werfen. Präzise fährt er in der Autokolonne, hält bei Rot an den Kreuzungen an, fährt bei Grün weiter, nimmt aber nichts mehr von seiner Umgebung wahr. Winkt ein Freund vom Straßenrand, hupt ein entgegenkommender Bekannter, der Suizidale lächelt und winkt sogar, doch alles ist nur Schein, die Mitmenschen spielen keine Rolle mehr. Ganz anders aber erleben Freunde oder Bekannte die Situation. Für sie fährt dieser Mann in unauffälliger Weise – vielleicht sogar besonders guter Dinge – durch die Stadt.

Das ist jenes Abwendungsverhalten, das wir in allen unseren Studien, sofern die Information bis hin zur Selbsttötung gegeben ist, beobachten. Wir können nicht oft genug betonen, daß dieses Abwendungsverhalten meist nicht bewußt nach einem antikommunikativen Prinzip abläuft. Antikommunikation aber bedeutet die Verwerfung jedweden echten menschlichen Kontaktes oder jeder Hilfe.

Wenn sich ein Suizidaler entschlossen hat, Selbstmord zu begehen, kann der Tod von den Mitmenschen nicht mehr bewußt verhindert werden. Es liegt im Wesen des Abwendungsverhaltens, daß die Selbsttötung in einer Situation vorbereitet und ausgeführt wird, in der selbst der Hilfreichste den Ernst der Lage nicht erkennen kann. Daher trifft in den Augenblicken der Selbsttötung keinen von uns (auch nicht den Arzt) auch nur die geringste Schuld. Selbstmordverhütung muß also, wenn irgend möglich, noch vor dem Handlungsentschluß versucht werden.

VI.
DIE ROLLE DES ARZTES BEI DER SCHWIERIGEN AUFGABE DER SELBSTMORDVERHÜTUNG

Geht man davon aus, daß die zum Selbstmord führende suizidale Entwicklung zumindest in ihrem Handlungsvollzug unfrei ist und aufgrund veränderter Hirnfunktionen Krankheitscharakter hat, so kommt dem Arzt prinzipiell eine „Schlüsselposition bei der Abschätzung und Behandlung potentieller Selbstmörder" (Mitterauer 1983) zu.

Wir haben an der Salzburger Kriseninterventionsstelle eine umfangreiche Untersuchung aller Selbstmorde im Bundesland und in der Stadt Salzburg (1978/79) durchgeführt. Aus dem Informationsreichtum, den uns diese Studie dank der Mitarbeit der Bevölkerung und der Ärzte unseres Heimatlandes gebracht hat, ist es mir gelungen, eine neue Methode zur Abschätzung der Suizidalität zu entdecken.

49,6 Prozent der exakt diagnostizierbaren Suizidanten zeigen eine typische Kombination von Befunden, welche man am treffendsten als *suizidales Achsensyndrom* (Mitterauer 1981 c) bezeichnet. Dieses besteht aus folgenden drei Komponenten:

1. Es werden offen oder versteckt Selbsttötungsabsichten mitgeteilt.
2. In der Blutsverwandtschaft gibt es bereits Selbstmorde.
3. Die zwischenmenschliche Begegnung ist erkennbar eingeengt, was durch veränderte Hirnfunktionen bedingt ist.

Während die Selbsttötungsabsicht (Komponente 1) und die Familiengeschichte bezüglich Selbstmorden (Komponente 2) auch vom Laien geprüft werden können, ist die Beurteilung der Einengung und des damit verbundenen zerebralen Funktionswandels ausschließlich Aufgabe des Arztes. Das suizidale Achsensyndrom kann daher nur von einem Arzt ermittelt bzw. diagnostiziert werden. Nun hat unsere statistische Analyse weiterhin ergeben, daß von zehn Selbstmordversuchern nur einer das suizidale Achsensyndrom aufweist. Diese Syndromkonfiguration liefert dem Arzt ein einfach zu handhabendes Instrumentarium, aus der Vielzahl seiner suizidalen Patienten die kleine Gruppe der potentiellen Selbstmörder herauszufinden. Die praktische Abschätzung der Suizidalität erfolgt also durch Ermittlung des suizidalen Achsensyndroms.

Obwohl es uns in diesem Buch um eine nervenärztliche Standortbestimmung geht, soll aber keinesfalls der Eindruck entstehen, daß Selbstmordverhütung ausschließlich eine medizinische Aufgabe ist. Bedenkt man nämlich das Häufigkeitsverhältnis von Selbstmordversuchen und Selbstmorden (etwa 10 : 1), so ist es einleuchtend, daß für die weitaus größere Gruppe der Suizidalen die Idee des Selbstmordes (im Sinne der zuwendungsuchenden

Selbst-Destruktion) einen „Appell" (Stengel 1961) bedeutet, um in seelischer oder/und sozialer Not Hilfe zu erlangen. Für diese Menschen stehen mancherorts Kriseninterventionszentren zur Verfügung, wo unter ärztlicher Leitung Psychologen und Sozialarbeiter unmittelbar das Krisenmanagement eines Suizidalen übernehmen.

Gleichzeitig aber sollte uns folgende Erfahrung zu denken geben: Von den 125 Suizidanten, die wir in den Jahren 1978/79 im Bundesland Salzburg wissenschaftlich untersucht haben, hat kein einziger vor seinem Selbstmord die Kriseninterventionsstelle Salzburgs kontaktiert. Hingegen suchten 60 Suizidanten (48 Prozent) im Zeitraum von sechs Monaten vor der Selbsttötung einen Arzt (meist den Hausarzt) auf. Öffentliche Selbstmordverhütungsinstitutionen werden also von Menschen, die vor dem Selbstmord stehen, fast nie beansprucht, was auch von der internationalen Fachliteratur bestätigt wird (siehe Lester 1972). Dem Arzt kommt somit in dreifacher Hinsicht eine Schlüsselposition bei der Selbstmordverhütung zu:

1. Der potentielle Selbstmörder sucht von allen zuständigen Stellen mit etwa 50prozentiger Wahrscheinlichkeit einen Arzt auf.
2. Wenn man davon ausgeht, daß die Abschätzung der Suizidalität durch die Ermittlung des medizinisch-biologisch definierten suizidalen Achsensyndroms zu erfolgen hat, so kann diese schwierige Aufgabe nur durch einen medizinisch-biologisch Ausgebildeten – einen Arzt – geleistet werden.
3. Werden vom Arzt veränderte Funktionen des Gehirns festgestellt, so kann wiederum nur er eine Behandlung durchführen. Behandeln bedeutet, daß je nach Ursache die Veränderungen der Hirnfunktionen wieder normalisiert werden und die Einengung aller zwischenmenschlichen Beziehungen dadurch aufgelöst wird. Zum Beispiel kann heutzutage ein „versteckter" Depressionszustand, der als einziges Beschwerdebild wiederkehrende Kopfschmerzen zeigt, wirksam mit antidepressiven Medikamenten behandelt werden. Oder: wird jemand nur unter Alkohol lebensüberdrüssig, dann ist absolutes Alkoholverbot zu verordnen. Bei alten Menschen, die sich das Leben nehmen wollen, ist häufig eine Durchblutungsstörung des Gehirns dafür mitverantwortlich, daß sie sich immer mehr zurückziehen und nur noch die Selbsttötung im Sinn haben. Auch dieser Einengung erzeugende Faktor läßt sich seit einiger Zeit erfolgreich behandeln (Lechner und Mitarbeiter 1980). Nach unserer Erfahrung ist es aber ratsam, die Kernbe-

lastung (siehe weiter oben) mitzuberücksichtigen und auch die depressive Stimmungslage medikamentös in die Behandlung einzubeziehen.

Es ist von größter Wichtigkeit zu verstehen, daß der potentielle Selbstmörder erst dann psychotherapeutische und soziale Hilfe annehmen und verarbeiten kann, wenn die durch den zerebralen Funktionswandel erzeugte Einengung aufgehoben ist. Diese Tatsache wird leider sehr oft übersehen. Auch wenn die Menschen mit „allen Mitteln" helfen wollen, erkennen sie allzuoft nicht, daß der Suizidale durch gleichsam aufgezwungene Hilfeleistung noch weiter in die Einengung getrieben wird, weil er im Zustand der depressiven Entscheidungs- und Handlungsunfähigkeit sich eben weder für eine Hilfe entscheiden, noch diese annehmen kann. Weiß der helfende, gutmeinende Nächste nämlich von derartigen Zusammenhängen nichts, so wird er allmählich mürbe, müde, verärgert und gibt es schließlich auf, sich hilfreich zuzuwenden. Es sieht keiner mehr hin, wenn sich der Suizidale endgültig abwendet und sich das Leben nimmt.

Ist jedoch die Umstimmung des potentiellen Selbstmörders gelungen und die Einengung wieder aufgehoben, dann sind neben sozialen Hilfsmaßnahmen psychotherapeutische Langzeitstrategien unbedingt die Voraussetzung für eine dauerhafte Selbstmordverhütung. Unsere Forschungsergebnisse verlangen für eine wirksame Selbstmordverhütung folgende drei Konsequenzen:

1. Aufklärung auf breitester Basis.
2. Umlernen der perfektionistischen Persönlichkeit in andere Themenbereiche, wo die Problemlösungsstrategie des Alles-oder-Nichts aussichtsreicher erscheint.
3. Therapeutisches Langzeitprogramm zum Verlernen des Alles-oder-Nichts-Prinzips, was zu Kompromißfähigkeit führt.

Aufklärung auf breitester Basis ist der eigentliche Zweck dieses Buches. Unter der Perspektive des Selbstmordes ist Aufklärung jedoch besonders wichtig, weil der Selbstmord zu den großen existentiellen Bedrohungen des Menschen zählt. Diagnostiziert der kundige Arzt einen Patienten als potentiellen Selbstmörder und ist die akute suizidale Krise durch medizinische Behandlung abgeklungen, so soll der Arzt erklären, warum er ihn für selbstmordgefährdet gehalten hat. Anschließend an diese Information muß der Patient aufmerksam gemacht werden, daß er latent selbstmordgefährdet bleibt, wenn seine perfektionistische Persönlichkeit, welche erblich kern- und suizidbelastet ist, auf ein nicht optimal lösbares Problem trifft und gleichzeitig die Funktionen des Gehirns verändert sind. Konkret lautet unser ärztlicher „Befehl": „Wenn Sie in irgend einer Stunde Ihres Lebens plötzlich Selbstmordgedanken überkommen, so teilen Sie diese sofort mit und wenden sich so bald als nur irgend möglich an einen fachkundigen Arzt!" Mit diesem „Rezept" lernen manche Suizidale sehr gut umzugehen. Seit einigen Jahren arbeite ich damit erfolgreich. Gleichzeitig mit der Aufklärung des Suizidalen sind auch die Angehörigen und Nächsten zu informieren. Da der betreuende Arzt im Einzelfall nicht immer die Möglichkeit hat, alle Beteiligten bzw. Betroffenen zu informieren, sind wir der Öffentlichkeit noch eine Menge Aufklärungsarbeit schuldig. Wir sind ja davon ausgegangen, daß die Selbstmordgedanken eines Menschen immer ernst zu nehmen sind. Das Suizidrisiko wird mit fortschreitender Einengung immer größer.

Pöldinger (1983 a) hat einen Fragenkatalog zur Abschätzung der Suizidalität entwickelt, den ich hier wiedergeben möchte, weil er gerade auch dem Laien die typische Selbstmordthematik erläutert und zu ihrem Verständnis erheblich beiträgt (siehe Tabelle 4).

Weit schwieriger gestaltet sich der therapeutische Versuch, den Perfektionisten außer für den ihm einzig wichtigen Bereich auch für andere Alltagsbereiche zu interessieren. Wenn zum Beispiel ein hochangesehener Mann Tag und Nacht in seiner Firma arbeitet, und nach einem beruflichen Mißerfolg sich zu erhängen versucht, so muß vom Therapeuten allmählich der Brennpunkt der Interessen verschoben werden, auf eine Sportart oder ein anderes Hobby zum Beispiel. Der Perfektionist wird seinen Charakter zwar auch als Tennisspieler oder Briefmarkensammler nicht ändern, die Umweltsituation ist in diesen Bereichen aber meist nicht so sensibel, so daß die Wahrscheinlichkeit größer ist, daß bei einer Niederlage nur der Schläger zertrümmert, aber kein Selbstmord erwogen wird.

Ein weiteres therapeutisches Ziel wäre nun, wenn es in einer gut geplanten individuellen Gesprächsführung gelänge, eine gewisse Kompromißfähigkeit zu erlernen. Dieses Programm muß mit größter Sorgfalt und Einfühlung für jede einzelne perfektionistische Persönlichkeit neu erarbeitet werden. Ein Mensch, dem schon in den frühen Tagen seiner Existenz der absolute Problemlösungsstil des Alles-oder-Nichts eingeprägt wurde, läßt sich diesen glasklaren Charakter nur schwer durch „unehrenhafte" Kompromißbereitschaft „trüben". Dieses therapeutische Programm

TABELLE 4.

Fragenkatalog zur Abschätzung der Suizidalität (PÖLDINGER) 1982

Je mehr Fragen im Sinne der angegebenen Antwort beantwortet werden, umso höher muß das Suizidrisiko eingeschätzt werden.

1. Haben Sie in letzter Zeit daran denken müssen, sich das Leben zu nehmen?	ja	
2. Häufig?	ja	
3. Haben Sie auch daran denken müssen, ohne es zu wollen? Haben sich Selbstmordgedanken aufgedrängt?	ja	
4. Haben Sie konkrete Ideen, wie Sie es machen würden?	ja	
5. Haben Sie Vorbereitungen getroffen?	ja	
6. Haben Sie schon zu jemanden über Ihre Selbstmordabsicht gesprochen?	ja	
7. Haben Sie einmal einen Selbstmordversuch unternommen?	ja	
8. Hat sich in Ihrer Familie oder in Ihrem Freundes- und Bekanntenkreis schon jemand das Leben genommen?	ja	
9. Halten Sie Ihre Situation für aussichts- und hoffnungslos?	ja	
10. Fällt es Ihnen schwer, an etwas anderes als an Ihre Probleme zu denken?	ja	
11. Haben Sie in letzter Zeit weniger Kontakte zu Ihren Verwandten, Bekannten und Freunden?	ja	
12. Haben Sie noch Interesse daran, was in Ihrem Beruf und in Ihrer Umgebung vorgeht? Interessieren Sie noch Ihre Hobbies?		nein
13. Haben Sie jemand, mit dem Sie offen und vertraulich über Ihre Probleme sprechen können?		nein
14. Wohnen Sie zusammen mit Familienmitgliedern oder Bekannten?		nein
15. Fühlen Sie sich unter starken familiären oder beruflichen Verpflichtungen stehend?		nein
16. Fühlen Sie sich in einer religiösen bzw. weltanschaulichen Gemeinschaft verwurzelt?		nein
Anzahl entprechend beantworteter Fragen		
Endzahl = max. 16		

wird daher nur selten verwirklicht, auch wenn von so manchem allzu unkritischen Psycho- bzw. Verhaltenstherapeuten das Gegenteil behauptet wird.

Schließlich muß Aufklärung in einer Selbstkritik gründen.

An das Ende meines Aufsatzes gelangt, fühle ich mich verpflichtet, dem Leser einige kritische Überlegungen über die Rolle des Arztes bei der schwierigen Aufgabe der Selbstmordverhütung anzuvertrauen. Meine Forderung nach Aufklärung des Laien über das Selbstmordproblem bedeutet gleichzeitig eine zweifache Herausforderung an den Arzt:

1. Langzeitführung des potentiellen Suizidanten.
2. Fachwissen und Einfühlungsvermögen.

Die katastrophenanfällige Persönlichkeit des Suizidalen bedarf einer lebenslangen Führung durch eine Person ihres Vertrauens. Nun ist es aber eine wesentliche Konsequenz unserer Selbstmordstudien, daß in den Tagen höchster Selbstmordgefährdung der Arzt die Bürde des Helfenden im Sinne einer Behandlung trägt. Wie wir tagtäglich erleben, verhält sich der Suizidale auch in seiner Arztbeziehung – wie sollte es anders sein – nach dem Alles-oder-Nichts-Prinzip. Entweder es steht der Arzt des Vertrauens zur Verfügung oder es wird gar keiner akzeptiert. Genießt der Arzt einmal das „Urvertrauen“ eines selbstmordgefährdeten Patienten, so trägt er notwendigerweise die schwere Last der Langzeitführung.

Ich spreche bewußt von einer Last, weil die Langzeitführung eines potentiellen Selbstmörders oft die Belastbarkeit des Therapeuten extrem beansprucht. Eine neue suizidale Krise kann ja jederzeit wieder auftreten: in der Nacht, am Wochenende, mitten im Alltagsstreß des Ordinationsbetriebes.

Spätestens an dieser Stelle wird man meine Überlegungen unterbrechen und entgegnen, daß es keinen Arzt mehr gibt, der immer erreichbar ist. Kein Zweifel! Jeder arbeitende Mensch, auch der Arzt, braucht, um sich erholen zu können, eine Privatsphäre. Dennoch fühle ich mich als Arzt und Forscher verpflichtet, in der medizinischen Versorgung der Bevölkerung zum Umdenken anzuregen und dringend das Modell des Hausarztes zu fordern. Der „gute alte Hausarzt“ kannte die Großfamilie, wußte um die Schicksale und Eigenheiten der einzelnen Angehörigen und hinterließ für den Notfall selbstverständlich eine Adresse.

Der aufmerksame Leser weiß längst, daß mein Modell zur Abschätzung der Suizidalität zusätzlich ein solides Fachwissen des

Hausarztes im nervenärztlichen Bereich erfordert. Es ist ja nicht wünschenswert und auch nicht durchführbar, die Selbstmordverhütung ausschließlich in die Hand des Facharztes zu legen. Obwohl für die eben vorgeschlagenen therapeutischen Lernprozesse des Suizidalen Psychologen zur Verfügung stehen, verlangen alle diese Maßnahmen ein großes Einfühlungsvermögen des mitbehandelnden Arztes. Jeder, der suizidale Patienten betreut, weiß, daß sie zu den schwierigsten Persönlichkeiten überhaupt gehören. Wenn man daher nicht versteht, wie radikal-perfektionistisch eine solche Persönlichkeit ihre Wirklichkeit interpretiert, wird selbst der Hilfreichste eines Tages in Wut geraten und sich nicht mehr „manipulieren" lassen. Der Suizidale erlebt dieses Verhalten als totalen Verlust seiner wichtigsten Bezugsperson und holt sich damit die letzte Bestätigung, daß sein Leben endgültig sinnlos ist. Leider gibt es auch Menschen, die sich irgendwann das Leben nehmen, ohne je Hilfe gesucht oder angenommen zu haben. Dieser Persönlichkeitstyp des totalen Abwenders kommt aber selten vor.

Das Selbstmordgeschehen ist derart komplex, daß zwischenmenschliche Mißverständnisse und Schwächen geradezu „in der Luft" liegen. Gibt es den Selbstmord vielleicht auch als Schicksal? Man wird mit Sicherheit niemals alle Selbstmorde verhindern können. Die hier vorgelegte Theorie und Praxis der Selbstmordverhütung berechtigt uns aber dennoch zu hoffen, daß unser Modus zur Abschätzung der Suizidalität, wenn er vielleicht eines Tages geschlossen organisiert sein wird, die Senkung der Selbstmordrate (= Zahl der Selbstmorde auf hunderttausend Einwohner pro Jahr) ermöglicht.

Denn vergessen wir nicht, daß kein Mensch weiß, ob der Tod wirklich Erlösung bringt, oder ob sich das irdische Leid in anderer Gestalt fortsetzt. Noch über die ärztliche Ethik hinaus gebietet unser Selbstmordverständnis, in den Stunden bitterster Verzweiflung darum zu kämpfen, daß es für den Kranken wieder Zeiten der Freude an einem positiven Leben gibt. Das eigentliche Argument gegen den Selbstmord ist unser Nicht-Wissen um das Wesen des Todes. Damit schließt sich der Kreis unserer Überlegungen und bringt uns wieder zu Camus zurück, der im Selbstmord das einzige wirkliche ernste philosophische Problem gesehen hat.

LITERATUR

AMERY, J. (1968): Über das Altern. Revolte und Resignation, Klett-Verlag, Stuttgart.

–, (1976): Hand an sich legen. Diskurs über den Freitod, Klett-Verlag, Stuttgart.

ANGST, J.; FREY, R.; LOHMEYER, B.; ZERBIN-RÜDIN (1980): Bipolar manic-depressive psychoses: results of a genetic investigation. Hum. Gen. 55: 237–254.

BEITRÄGE ZUR ÖSTERREICHISCHEN STATISTIK (1982), Heft 669, Wien.

BIBRING, E. (1953): The mechanism of depression. In: Affective disorders, P. GREENACRE (ed.) Int. Univ. Press, New York.

BURVILL, P. W.; WOODINGS, T. L.; STENHOUSE, N. S.; McCALL, M. G. (1982): Suicide during 1961–1970 of migrants in Australia. Psychol. Med. 12: 295–308.

CAMUS, A. (1961): Der Mythos von Sisyphos. Rowohlt.

CONRAD, K. (1958): Die beginnende Schizophrenie. Versuch einer Gestaltanalyse des Wahns. Thieme-Verlag, Stuttgart.

DER SPIEGEL: 1981/21.

FARTACEK, R.; MITTERAUER, B. (1984): Probleme der Behandlung von Selbstmordversuchern. Der Praktische Arzt (im Druck).

KAMLAH, W. (1976): Meditatio mortis. Ernst Klett Verlag, Stuttgart.

KETY, S. (1979): Funktionsstörungen im menschlichen Gehirn. Spektrum der Wissenschaft 11: 137–143.

LECHNER, H.; OTT, E.; LADURNER, G.; BERTHA, G. (1979): Static-dynamic aspects of cerebral bloodflow in relation to brain function. In: Brain function in old age, HOFFMEISTER, F.; MÜLLER, C. (Hrsg.). Springer Verlag, New York.

LESTER, D. (1972): The myth of suicide prevention. Compr. Psychiat. 13: 555–560.

LICHTENSTEIN, H. (1961): Identity and sexuality: a study of their interrelationship in man. J. American Psycho-anal. Ass. 9: 179–260.

MITTERAUER, B. (1981 a): Können Selbstmorde in einem Psychiatrischen Krankenhaus verhindert werden? Psychiat. Prax. 8: 23–30.

–, (1981 c): Das suizidale Achsensyndrom. Eine medizinisch-biologische Studie zur Abschätzung der Suizidalität. Wien. Med. Wschr., Supplement 68: 1–28.

MITTERAUER, B.; Pritz, W. F. (1981): Entwurf einer Dialektik der pränatalen Kind-Mutter-Beziehung. Z. f. Klin. Psych. Psychother. 29: 28–44.

MITTERAUER, B. (1982): Die Schlüsselposition des Arztes bei der Abschätzung der Suizidalität und Behandlung potentieller Selbstmörder. Forum Dr. Med. 6: 12–18.

MITTERAUER, B.; PRITZ, W. F. (1984): Familienanamnestische Untersuchung von 89 Selbstmorden nach Entlassung aus stationärer psychiatrischer Behandlung. Wien. Med. Wschr. 134: 37–43.

MITTERAUER, B.; PRITZ, W. F.; SORGO, G. (1983): Der suizidale Handlungsvollzug: Gerichtsmedizinisch-psychiatrische Analyse eines Selbstmordes durch Kopf- und Brustschuß. Forensia (im Erscheinen).

MITTERAUER, B. (1984 a): Einige Überlegungen zum Suizid im Wahn. Das ärztliche Gespräch, Tropon (im Erscheinen).

–, (1984 b): Die Logik der Handlungsfreiheit. Systemtheoretische Grundlagen zur

Beurteilung der Zurechnungsfähigkeit von Angeklagten im Strafprozeß. Forensia (im Erscheinen).
PÖLDINGER, W. (1980): Persönliche Mitteilung.
–, (1983 a): Methoden zur Abschätzung der Suizidalität. Galenus-Verlag, Mannheim.
–, (1983 b): 10 mögliche Fehler im Umgang mit suizidalen und depressiven Patienten. Schweiz. Ärztezeitung 64: 412–415.
RINGEL, E.(1973): Selbstschädigung durch Neurose. Herder Verlag, Wien–Freiburg–Basel.
–, (1981): Die Beurteilung des Suizidrisikos. Schweiz. Ärztezeitung 62: 1405.
ROMAN, J. (1981): Freiwillig aus dem Leben. Kindler Verlag, München.
SCHNEIDER, P. B. (1954): La Tentative de Suicide. Pelachaux u. Nestlé.
SCHULSINGER, F.; KETY, S.; ROSENTHAL, D.; WENDER, P. (1979): A family study of suicides. In: Origin. prevention and treatment of affective disorders, SCHOU, M.; STRÖMGREN, E. (eds.). Academic Press, London.
SHNEIDMAN, E. S.; FARBEROW, N. L. (1961): Statistical comparisons between attempted and commited suicides. In: FARBEROW, N. L.; SHNEIDMAN, E. S. (Hrsg.): The cry for help. New York, London, Sydney, Toronto.
SINGER, M. (1980): Massenselbstmord. Zur Phänomenologie und Psychodynamik. Hippokrates Verlag, Stuttgart.
STENGEL, E. (1961): Selbstmord und Selbstmordversuch. In: Psychiatrie der Gegenwart. Hrsg. GRÜHLE, H. W.; JUNG, R.; MAYER-GROSS, W.; MÜLLER, M. Band III. Springer, Berlin.
STENGEL, E.; COOK, N. G.; KREEGER, J. S. (1958): Attempted suicide. Its social significance and effects. London, New York, Toronto.
SZITTYA, E. (1925): Selbstmörder. Ein Beitrag zur Kulturgeschichte aller Zeiten und Völker. C. Weller u. Co. Verlag, Leipzig.
ZEE, H. J. (1980): The Guyana incident: Some psychoanalytic considerations. Bull, Menninger Clin. 44: 345–363.
ZUCKMAYER, C. (1971): Als wär's ein Stück von mir. Fischer-Bücherei.

RANDBEMERKUNGEN ZUM ANLAGE-UMWELT-DILEMMA

WERNER F. PRITZ

Die Formulierung „Dilemma" bezieht sich natürlich nicht auf die Geschlossenheit und Einheit lebender Systeme (Organismen) oder deren inneren und äußeren Beziehungsreichtum, sondern auf die Zersplitterung menschlicher Denkansätze. Die Anlage-Umwelt-Frage und, was nicht ganz das gleiche bedeutet, die Natur-Erziehungs-Zweiteilung sind sicher keine künstlichen Probleme (Bovet, 1972). Wie Barnett (1972) allerdings betont, benützt man das falsche System der Klassifikation, wenn man von einigen Verhaltensweisen als genetisch bedingt und von anderen als umweltdeterminiert spricht. Man muß mit seinen Worten übereinstimmen, daß Genotyp (das System der Anlagen) und Umwelt sich auf Quellen der Variation beziehen, die jedwedes Verhalten beeinflussen.

Das Thema unserer Überlegungen wird wissenschaftlich von sehr vielen Blickwinkeln her untersucht und führt in der Diskussion deshalb oft zu sehr unterschiedlichen Schlußfolgerungen. Dies kommt, ganz allgemein gesprochen, daher, daß wir in unserem Denken und Betrachten in einer sehr basalen Klassifikation die Welt in die verschiedensten Objekte unserer Aufmerksamkeit zerlegen können, denen wir dann eine Umwelt zuteilen. Wir sind daher mit Gallopin (1981) bei einem sehr systemzentrierten Umweltbegriff angelangt. Entsprechend der Komplexizität lebender Systeme bezieht sich das Anlage-Umwelt-Problem auf alle Ebenen der hierarchischen Struktur menschlicher lebendiger Wirklichkeit. Somit beginnt die wissenschaftliche Anlage-Umwelt-Diskussion mit der Einbettung eines Gens in seine unmittelbare molekulare Umwelt und erstreckt sich zumindest bis zur Ebene der Einbettung von Selbstbewußtmachungsprozessen in eine bestimmte Kultur.

Mit von Foerster (1971) müssen wir hier darauf hinweisen, daß Umwelt in drei unterschiedlichen Bereichen erscheint:
Erstens im Bereich der realen, der sogenannten tatsächlichen Welt; zweitens im Bereich der sogenannten Prozesse des Erkennens (kognitive Prozesse), die den Organismus mit einer internen Repräsentation seiner Umgebung versehen; drittens in der Domäne der Beschreibung dieser Umwelt, die der Organismus modellhaft in sich trägt. Umwelt ist nun nicht mehr und nicht weniger als die triadische Beziehungsstruktur dieser drei Bereiche. Eine eingehende Diskussion unserer Fragestellung würde demzufolge die Besprechung des menschlichen Wahrnehmungs-, Verhaltens- und Erkenntnis-Potentials verlangen. Noch genauer gesagt, müßte es die Besprechung dieser drei Potentiale auf der Ebene der einzelnen Zelle umfassen.
Der Begriff der Anlage bezieht sich darauf, daß wir in Form des Genoms (des Systems der Gene, Genotyp), also der Erbanlagen, eine Selbstbeschreibung in uns tragen. Fraser (1970) spricht davon, daß der Homunculus, verstanden als die vorgestaltete Basis eines Individuums, in der Morphologie von Kernsäuren (Chemie der Erbanlagen) erscheint. Wenn wir von diesen Anlagen sprechen, dann müssen wir darauf verweisen, daß der Ausdruck „angeboren“ in diesem Zusammenhang zu einer sehr schlampigen Vorstellung der Größe des Problems führt, denn er mißachtet das Problem der sogenannten Ontogenese. Dieser geschichtliche Prozeß der Selbstkonstruktion von der befruchteten Eizelle bis zum vollendeten Menschen ist aber die eigentliche Kernproblematik des angesprochenen Anlage-Umwelt-Dilemmas.
Alle biologischen Systeme sind auf allen funktionellen Ebenen Änderungen ihrer Strukturen im Zeitablauf (linear und periodisch) unterworfen. Damit ist mit Gallopin die Möglichkeit angesprochen, daß die Verkoppelung zwischen den Elementen eines Systems und der jeweiligen Umwelt sich im Ablauf der Zeit ändert und damit verschiedene Elemente der Umwelt relevant werden können. Eine wirklich eingehende psychiatrische Diskussion unseres Themas müßte sich auch ganz besonders mit diesem wichtigen Aspekt des Wechsels relevanter Umwelt des Lebens befassen.
Hier stoßen wir auch auf die Individualität des Menschen, entsprechend befaßt sich die ganze Verhaltensgenetik und damit auch die psychiatrische Genetik in erster Linie mit der vererbbaren Natur individueller Unterschiede im Verhalten, denn, wie Tyron (1934)

mit Nachdruck betont, das Durchschnittsindividuum ist eine von einem Menschen gemachte Fiktion; lebende Systeme sind immer subjektive, einzigartige und einmalige Individuen im ontologischen Sinne.

Die Bedeutung der Einzigartigkeit des Individuums ist in der Psychobiologie ein grundlegendes Forschungsthema (Bovet, 1972). Diese außerordentliche Bedeutung schlägt sich auch in ganz praktischen Konsequenzen nieder, wie z. B. individuellen Unterschieden in der Verträglichkeit auf die Psyche wirkender Medikamente. Hier können wir jedoch das Problem nur ganz allgemein diskutieren, und wir versuchen Sie in den Gedanken einzuführen, daß das Leben auf jeder Ebene ein allgemeines Sprachproblem ist. Für die Leser, die mit dem ungeheuren Fortschritt des Wissens zu unserem Thema auf der molekularbiologischen Ebene vertraut sind, ist noch eine Ergänzung unserer Einleitung fällig. Für das ganze diskutierte Problem gilt, was Weiss (1963) zum Verhältnis zwischen einer organismischen Zellbiologie und der Molekularbiologie gesagt hat, auch heute noch: Um auf das eigentliche Problem unseres Dilemmas zu stoßen, müssen wir uns ihm uneingeschränkt aussetzen. Um unsere Augen voll auf das Problem richten zu können, müssen wir zuerst einmal sehen. Um es wirklich sehen zu können, müssen wir vielleicht zeitweise Scheuklappen aufsetzen, um den verdunkelnden Kontrasteffekt zu reduzieren, den das „brillante Licht“ hervorruft, das von der Molekularbiologie ausgeht. Diese Wunderlampe der molekularen Genetik ist aber nur ein Stern, der in der Nacht unseres Dilemmas leuchtet. Gallopin (1981) betont, daß die Umwelt, die ganz vom betrachteten System her bestimmt ist, auch als beeinflussende oder beeinflußte Umwelt gesehen werden muß. Unsere Fragestellung mag suggerieren, daß die Diskussion des Anlage-Umwelt-Dilemmas nur an der Umwelt als Faktor der Beeinflussung interessiert ist; eine wirklich umfassende Diskussion des Dilemmas müßte aber in die Diskussion auch die Schaffung, die Beeinflussung von Umwelt miteinbeziehen. Dem Programm dieses Buches entsprechend, werde ich in diesem Zusammenhang das Wesen mitmenschlicher Begegnung (Kommunikation) besprechen, ein Thema, das Sie unter der Überschrift „Anlage-Umwelt-Dilemma“ vielleicht nicht vermuten würden.

Die vorliegende Arbeit will vor allem Ihr Verständnis dafür fördern, wie menschliches Verhalten und Fehlverhalten im Zusammenspiel angeborener Selbstbeschreibungen (Gene, erbliche Anla-

gen) mit soziokulturellen situativen Bedingungen prinzipiell zustandekommen.
Es sind damit zwei Quellen der Variation individuellen menschlichen Verhaltens angesprochen, nämlich ererbte Anlage und Umwelt, gleichgültig, wie beide Konzepte im Detail definiert werden. Unter Hinweis auf Barlow (1980) muß jedoch noch einmal mit Nachdruck betont werden, daß es zumindest ungenau, wenn nicht unrichtig ist, die eine menschliche Eigenschaft genetisch und die andere erworben zu nennen. Es ist weiters irreführend, wenn wir einen gewissen Prozentsatz einer individuellen menschlichen Eigenschaft dem Genom, also den Anlagen, zuschreiben und einen anderen Prozentanteil der Umwelt.
Wir wissen gleichzeitig so viel und so wenig, daß es erlaubt ist, als dritte Quelle der Variation menschlicher Verhaltensproduktion auch noch die freie Entscheidung unseres willentlichen Handelns zu diskutieren. Mit der Einführung der Hypothese des freien Willens als Diskussionshintergrund sind wir mitten in der ideologischen Schlacht, die auf dem Felde des Anlage-Umwelt-Dilemmas tobt. Was wir zum Thema des Anlage-Umwelt-Dilemmas wissen, verbietet sicher viele wahnhafte Vorstellungen von einem freien Willen. Die Möglichkeit freien Wollens kann man damit jedoch nicht wissenschaftlich widerlegen. Wenn man aber von der Möglichkeit freien Wollens absieht – auch wiederum nur eine unbeweisbare Hypothese –, dann bleiben der Menschheit zur wahnhaften Ausarbeitung unserer Thematik zwei extreme Weltsichten: 1. Ich kann das menschliche Gehirn und damit Verhalten nach Belieben formen. Dem Menschen sind keine Modelle der Welt angeboren, er weiß nichts vom Menschen. Dieser Wahn vielmehr suggeriert dem Menschen eine unbeschränkte Macht über den Menschen, und er vermag ihn auch von der Last angeborener Menschenrechte zu befreien. 2. Ein primitiver Erbgutwahn, der dazu neigt, Bevorzugung und Verwerfung, Bewunderung und Verachtung, Hoffnung und Hoffnungslosigkeit in unmenschlicher, verzerrter Form zu leben. Die Folgen des Rassen- und Klassenwahns dieser Entstehungsgeschichte muß man nicht weiter erläutern.
Da nun dieser „Streit der Geister“ unser mitmenschliches Handeln, unsere individuellen und kollektiven Sozialstrategien, unsere therapeutische Einstellung und unsere richterlichen Standorte bestimmt, kann sich niemand unserer Fragestellung entziehen, und wir haben es im wahrsten Sinne des Wortes dabei mit Alltags-

und Allerwelts-Problemen zu tun. Von den vielen Fragen menschlicher Existenz, die sich unmittelbar auf den Titel dieser Arbeit beziehen, kann hier kaum eine erwähnt werden, manche werden aber in den anderen Artikeln dieses Buches zumindest oberflächlich gestreift.
Ich will nur Denkanstöße und bescheidene Entscheidungshilfen geben, zumal ich der Überzeugung bin, daß wissenschaftliche Erkenntnisse auf diesem Gebiet allein nie in der Lage sein werden, persönliche Entscheidungen abzunehmen. Das meiste, was wir deshalb von den folgenden Notizen erhoffen können, ist, das Dunkel unseres Themas aus verschiedenen Perspektiven zumindest so zu beleuchten, daß wir Schatten deuten und nicht nur Träumen nachhängen. Ich gebe in diesem Zusammenhang auch offen zu, daß ich in der Diskussion Aspekte des Anlage-Umwelt-Dilemmas hervorhebe und bespreche, die geeignet sind, die Ehrfurcht vor jeder menschlichen Existenz zu fördern. Ohne diese Ehrfurcht ist jedes Gerede von Sozial- und Psychohygiene, von Hilfe für Randgruppen und Leidende in der steten Gefahr, zum Geschwätz auszuarten.
Wir haben bereits einleitend erkennen müssen, daß die Fragestellung, die sich hinter dem Anlage-Umwelt-Dilemma versteckt, nicht mehr und nicht weniger ist, als die Frage nach dem Leben schlechthin. Damit ist auch die erste Randbemerkung ausgesprochen: Jede Diskussion, die unsere Frage nicht auf dem Hintergrund der gesamten Organisation (menschlichen) lebendigen Verhaltens sieht, verkürzt die Frage entscheidend. Hier ist auch das eigentliche Dilemma, das der Titel unserer Arbeit anspricht, gelegen.

LEBEN ALS EINE HIERARCHIE AUTONOMER SPRACHPHÄNOMENE

Es gehört zu jedermanns Erfahrungsschatz, daß Ahnungen der Wirklichkeit und Wahrheit oft näher kommen, als sogenannte wortgewaltige Tatsachenschilderungen. Auch wenn der Inhalt dieses Abschnitts langjährigen wissenschaftlichen Anstrengungen hervorragender Denker entspringt, so möchte ich trotzdem die vorgetragenen Gedanken in erster Linie als Ahnung anbieten. Und zwar handelt es sich um die Ahnung, daß ein Verstehen des

Lebens ein Verstehen des Sprachproblems impliziert. Mit Sicherheit stellt z. B. das System unserer Anlagen (das Genom) einen besonderen Fall einer Sprache dar, obwohl wir nicht wissen, wie diese Sprache sich im Laufe der Evolution zur menschlichen Existenz hin entwickelt hat, und obwohl wir nicht wissen, wie aus diesem Sprachsystem in der befruchteten Eizelle das Sprachsystem unseres Gehirns aufgebaut wird.

Mit meinem Versuch, Ihnen diese Idee, „Leben ist ein System von Sprachen" in möglichst verständlicher Form nahe zu bringen, stütze ich mich auf außerordentlich differenzierte Gedankengänge von Loefgren (1977, 1981, 1982) und Pattee (1972 a und b, 1974, 1977, 1978, 1982). Vermutlich bin ich in diesem Unterfangen von vornherein zum Scheitern verurteilt. Ich möchte allerdings nur ein Samenkorn säen, von dem ich glaube, daß es außerordentlich fruchtbar sein wird auf dem Weg menschlichen Selbstverständnisses. Vielleicht verbirgt sich dahinter auch der wahre Grund, warum menschliche Existenz am besten nicht in Form von Geschichtsschreibung oder psychologischen und biologischen Biographien zu schildern ist, sondern von Dichtern und Propheten in der Form von Epen und Dramen, von lyrischen Gesängen und Mythen.

Mit dem Begriff Sprache sind wir vor allem über unsere äußeren Kommunikationssprachen (nonverbale Kommunikation, natürliche Sprachen und formale und mathematische Sprachen) vertraut. Wir müssen von diesen speziellen Sprachproblemen zu einem breiten allgemeinen Konzept von Sprache vorstoßen, das auch geeignet ist, unser Verständnis im Hinblick auf die Sprache der Anlagen (genetische Sprache), das Sprachsystem der Hormone und verschiedene Sprachsysteme, die in das Hirn eingebaut sind, zu fördern. Das Wesen von Sprachsystemen liegt darin, daß sie komplementär gleichzeitig als Beschreibungs- und Interpretationsprozesse zu schildern sind, die sich wechselseitig erklären und deren logischer kreisförmiger Zusammenschluß zur eigentlichen Phänomenologie einer Sprache führt.

Bevor wir das Sprachproblem etwas genauer zu skizzieren versuchen, ist eine ganz allgemeine Feststellung notwendig, die Sie bitte nicht nur als Entschuldigung für meine eigene didaktische Unzulänglichkeit verstehen mögen. In vielen Bereichen der Wissenschaft sind wir an Grenzen angelangt, an denen die Ausdrucksfähigkeit unserer Sprachen (zumindest der westlichen) schlicht und einfach versagen. Andererseits darf nicht vergessen werden, daß

Nachdenken auch Sich-Mühen heißt. Es kommen aber noch einige andere Anomalien der Anschauung dazu: Eine davon ist die, daß die meisten Kybernetiker ihre menschengemachten Systeme zwar nicht ehrfürchtiger aber komplexer betrachten als dies häufig sogenannte Fachleute der Seele mit dem Menschen und seinem Gehirn tun. Eine zweite Anomalie ist darin zu sehen, daß wir nicht mehr mit Geheimnissen umgehen können. Die Parole lautet: Vor Geheimnissen Augen und Ohren zu, denn stammelnde Fragen beunruhgen nur. Einer dritten Anomalie begegnen wir in der Tendenz von Mitmenschen, die sich selber für besser halten als sie sind, wenn sie an Grenzen ihrer eigenen Einsicht stoßen: Es ist heute mehr als klar (von Foerster, 1981), daß wir in unserem Seelenleben ununterbrochen mit Prozessen zu tun haben, in denen Beschreibungen von Beschreibungen von Beschreibungen . . ., Interpretationen von Interpretationen von Interpretationen . . ., Prozesse von Prozessen von Prozessen . . . etc. ablaufen. Über diese Aspekte der Natur des menschlichen Gehirns wird nicht nur gesprochen, man kann sie auch ganz offen in den molekularanatomischen Forschungsergebnissen am Gehirn mit eigenen Augen sehen. Nichts desto weniger ist es sehr schwierig, über diese Dinge zu reden, ohne sich der möglichen Wertung auszusetzen, einer schizophrenen Sprachstörung anheim gefallen zu sein.
Beginnen wir die Schilderung der Komplementarität auf der Ebene der Beschreibungen: Hier interessiert uns der Begriff der Beschreibung vor allem als konnotatives Prinzip. Mit Peterson (1975) ist damit jede phyikalisch-chemische Struktur, die interpretierbar ist, (z. B. ein Gen, ein Hormon, ein Geruchsstoff, ein optisches Abbild usw.) eine Beschreibung dessen, was unter dieser Interpretation schließlich produziert wird. An einer anderen Stelle betrachtet er Beschreibungsstrukturen als symbolische Kodierungen von begrenzten Prozeduren, von welchen aus irgend ein anderes Objekt in irgendeiner logisch interpretativen Umwelt produziert werden kann.

Beschreibungen von Dingen, Objekten, Konzepten, Prozessen, Operationen usw. werden andererseits auch durch aktive Prozesse in irgendeiner Sprache konstruiert. Beschreibungen sind demnach im wörtlichen Sinne immer Abbildungen von Wirklichkeitsaspekten in symbolischer Niederschrift. Beschreibungen wären aber nie eine Beschreibung, wenn sie nicht mit Prozessen der Interpretation verbunden wären.

Eine Beschreibung hat immer einen Vorhersagecharakter und ist letztlich einfacher als der Akt, der durch sie beschrieben wird (Loefgren, 1981). Mit anderen Worten können wir sagen, daß Beschreibungen – in unserem Falle ist dabei natürlich vor allem an Beschreibungen auf der Ebene des Genoms und auf der Ebene des Gehirns gedacht – immer Hypothesen über Seins-Themenbereiche und damit über molekulare, zelluläre, organismische und personale Interaktionen darstellen. In diesem Zusammenhang müssen wir auf einen Wandel im Denken der letzten fünfzehn Jahre verweisen, der schlicht besagt, daß Beschreibungen des Gehirns in ihrem antizipatorischen Charakter zwingend sich selbst und ihre Welt und Umwelt modellieren (Conant und Ashby, 1970). Die Kontrolle, die durch diese Beschreibungen ausgeübt wird, ist eine sogenannte „feedforward"-Kontrolle, das heißt, daß das gegenwärtige Verhalten durch die Vorwegnahme eines zukünftigen Zustandes geändert wird. Wie Rosen (1979) weiter sagt, können wir das Verhalten eines Systems, das auf solche Beschreibungen aufgebaut ist, nicht kennen, wenn wir nicht die Modelle der Welt kennen, die in diesen Beschreibungen symbolisch enthalten sind. Wie Pattee (1977) formuliert, ist es eine fundamentale Tatsache des Lebens, daß lebende Systeme ihre eigenen Beschreibungen enthalten. Nachdem wir, wie unsere Autoren betonen, es bei lebenden Systemen mit ganzen Hierarchien von verschiedenen Sprachebenen zu tun haben, begegnen wir diesem Prinzip der Selbstbeschreibung gleichermaßen in der Zelle auf der Ebene der genetischen Anlagen wie auch im Nervensystem. Leider sind uns die Formen der symbolischen Beschreibung und die Regeln, nach denen diese symbolischen Elemente der Beschreibung in Sätze zusammengefaßt werden (Syntax), nur auf der molekulargenetischen Ebene einigermaßen bekannt; auf der Ebene des Gehirns tappen wir weitestgehend im dunkeln. Da aber Beschreibungen als symbolische Niederschriften nicht von Interpretationsoperationen zu trennen sind, ist jedoch eines klar: Sowohl im System der Beschreibungen zellulären Verhaltens im Genom als auch im System der Beschreibungen gesamtorganismischen Verhaltens im Gehirn müssen auch die Beschreibungen der Interpretationsprozesse, denen diese Beschreibungen unterworfen werden, enthalten sein. In diesem eigentlichen Sinne sind lebende Systeme selbstbeschreibende Systeme. Dem entsprechend unvorstellbar komplex sind die Regeln der Beschreibung (ist die Syntax) auf den verschiedenen Sprachebenen des Lebens.

Das molekulare Sprachsystem der Erbanlagen zeigt uns auf dem

heutigen Stand des Wissens diese Komplexität der Beschreibung und das Phänomen der Selbstbeschreibung in unmittelbar zugänglicher Form. Wie sicher manche von Ihnen wissen, setzt sich das System der genetischen Beschreibungen (der Anlagen, des Genoms) aus ganz verschiedenen Klassen und Gruppen von Beschreibungen zusammen. So finden wir symbolische Niederschriften der konkreten Zusammensetzung der molekularen Automaten aus Aminosäuren in Form von Eiweißen vor. Es gibt nun auch verschiedene Gruppen von Beschreibungen, die die Prozesse symbolisieren, die zur konkreten Konstruktion dieser Eiweiße führen. Es gibt weiters Beschreibungen, die bestimmen, zu welchem Zeitpunkt der Entwicklungsgeschichte, in welchem Zelltyp, an welchem Ort innerhalb einer Zelle und unter welchen Umweltbedingungen diese molekularen Automaten überhaupt aufgebaut werden. Es gibt weiters eine Reihe von Beschreibungen, die analog unseren gesprochenen Sprachen in der Lage sind, ganze Systeme von molekularen Operatoren gleich Sätzen zusammenzustellen, Beginn und Ende eines Sprachgefüges anzugeben, spezifische Interpunktionen zu setzen usw. Es gibt auch noch eine ganze Reihe von verschiedenen Gruppen von Beschreibungen, die andere, uns noch unbekannte logische Aufgaben im Rahmen der Interpretation dieses Gesamtbeschreibungssystems erfüllen. Es sind wohl auch Beschreibungen dabei, die mit den Prozessen der Evolution der genetischen Sprache und mit den Prozessen der Ontogenese (Selbstkonstruktion vielzelliger Systeme aus einer befruchteten Eizelle) zu tun haben. Obwohl wir bereits in Form der Gentechnik unser Wissen auf diesem Gebiet industriell nützen können, sind uns andererseits noch viele linguistische und interpretative Aspekte dieses genetischen Systems der Welt- und Selbstbeschreibung verborgen.
Auch wenn die Beschreibungscodes des Nervensystems nicht entziffert sind, so gäbe es doch einiges Wissen über die grundlegende Problematik cerebraler Sprachen und cerebraler Beschreibungsbildung und cerebraler Beschreibungsinterpretation. Aus einsichtigen Gründen ist es uns nicht möglich, auf die ganze Breite der Diskussion des Konzeptes der Beschreibung auf der Gehirnebene einzugehen. Wir möchten nur auf Peterson (1975) und die oben erwähnten Autoren hinweisen. Erwähnt sei auch Maturana (1970), der den Begriff der Beschreibung dreifach differenziert, je nach dem, wie er die Rolle des menschlichen Beobachters zu sich selbst und zu seiner Umwelt sieht. Im Hinblick auf den Zusam-

menhang zwischen Information und Beschreibung im Rahmen menschlichen Welterkennens und Welterlebens muß auch ein Gedanke von Foersters (1972) unbedingt Erwähnung finden: Von Foerster bezeichnet in diesem Zusammenhang Information als ein relatives Konzept. Wenn wir in unserer Rolle als Beobachter eine Beschreibung unserer Umwelt erarbeiten, dann hängt die Information, die in dieser Beschreibung enthalten ist, ausschließlich von der Fähigkeit des Beobachters ab, Schlußfolgerungen aus diesen Beschreibungen zu ziehen, d. h. diese Beschreibungen in irgendeiner Form zu interpretieren. Somit kommt von Foerster zu der Feststellung, daß die Umwelt in gewissem Sinne keine Information enthält, „die Umwelt ist wie sie ist".

Wenn wir nun zum Aspekt der Interpretationsprozesse eines biologischen oder sonstigen Sprachsystems übergehen, dann diskutieren wir das Gebiet der Semantik einer allgemeinen Sprachtheorie. Die Semantik befaßt sich damit, wie Sinn und Bedeutung, von symbolischen Beschreibungen ausgehend, ganz konkret geschaffen werden, sie befaßt sich also mit der Interpretation von Beschreibungen. Demnach heißt Interpretation aus einer Beschreibung den Sinn zu extrahieren. Eine Sprache ist komplex im Hinblick auf die Ebene der Beschreibungen, aber auch im Hinblick auf die Ebene der Interpretation. Normalerweise liegt der besondere Aussagereichtum einer Sprache und damit die thematische Fülle eines lebenden Systems auf der Ebene der Komplexität der Beschreibungen. Andererseits liegt aber die einzige Bedeutung von Beschreibungen darin, daß sie Interpretationsprozessen zur Verfügung stehen. Die Interpretationsprozesse bestimmen zwar nicht die Fülle der Daseinsthematik, da sie sich aber bei lebenden Systemen in Interaktionsräumen von ungeheuer hoher Dimensionalität abspielen, stellen sie eine praktisch unendliche Fülle von Kontexten (Rahmenbedingungen) bereit, in denen eine Beschreibung interpretiert werden kann. Auf den menschlichen Organismus bezogen heißt das, die Beschreibungen im genetischen Code für mögliches zelluläres Verhalten und die Beschreibungen im Gehirn, die uns selbst und unsere Umwelt modellhaft abbilden, werden in komplexen parallelen Prozessen in einer dynamischen Operation, die an die chemisch-physikalischen Gesetzlichkeiten unserer biologischen Apparaturen gebunden ist, in Ereignisse und Handlungen umgesetzt.

Um die Schwierigkeiten unseres Themas etwas zu mildern, sollen noch einige andere Formulierungen von den eingangs erwähnten

Autoren übernommen werden. So betont z. B. Loefgren (1981), daß jede biologische Eigenschaft, gleichgültig ob sie als ererbt oder erworben angesehen wird, in jedem Falle als eine biologische Interpretation einer biologischen Beschreibung identifiziert werden muß. Der dynamischen Wirklichkeit alles Lebendigen entsprechend, müssen aber diese Interpretationsprozesse, biologisch, wie sie sind, wiederum selbst als biologische Interpretationen biologischer Beschreibungen betrachtet werden. So stellt sich der Lebensprozeß als kreisförmige Operationen von verschiedenartigsten Beschreibungs- und Interpretations-Prozessen dar, d. h. lebendiges Dasein ist dem Wesen nach autonom. Loefgren nennt diese Form der Autonomie lebender Systeme autolinguistisch bzw. autologisch. Mit Pattee, Maturana und von Foerster weist er damit auf die selbstreferentielle Natur von Sprachen hin. Das heißt, daß jedes lebendige Sprachsystem Metalogiken besitzt, die auf sich selbst angwendet werden können. Die Koordination der Sprachregeln erfolgt also nicht von außen, sondern durch die Sprache selbst, durch das lebendige System selbst. Pattee geht so weit, daß er sagt, Sprache im allgemeinen Sinn sei nur dann gegeben, wenn eine Sprache, definiert als ein kohärenter Satz von Regeln, auch die Fähigkeit metasprachlicher Äußerungen gegenüber eigenen objektsprachlichen Beschreibungen besitzt.

(Das Problem der sogenannten Selbstreferenz taucht in allen Konzepten auf, die mit der Vorsilbe Selbst- oder Eigen-versehen sind. Denken Sie an Konzepte und Begriffe, wie Selbstverteidigung, Selbstreparatur, Selbstkonstruktion, Selbstverwirklichung, Selbstbeschreibung, Selbstbewußtmachung, Selbstbewertung, Selbstbefriedigung, Selbstbeobachtung und viele andere mehr. Die Autonomie des Menschen wie die Autonomie der Zelle, die Subjektivität des Menschen oder wie immer wir das angesprochene Phänomen umschreiben mögen, wurzeln in dem Geheimnis, daß alles lebendige Sein die Gesetze des Handelns in sich trägt. In einem anderen Kapitel dieses Buches streifen wir kurz das Geheimnis, daß autonom geschlossen zu sein nicht ausschließt, kommunikativ offen zu sein, ja daß die Autonomie menschlicher Selbstkonstruktion und Selbstverwirklichung in die Ver-Antwortlichkeit mitmenschlicher Kommunikation in vielfältiger Weise eingebettet ist. Auch dies ist eine Façette des Anlage-Umwelt-Dilemmas.)

Pattee (1974) sieht sein besonderes Anliegen zusammenfassend darin, immer wieder aufzuzeigen, daß die Bildung biologischer Strukturen, auf welcher Ebene immer, auf dem logischen Zusammenschluß von linguistischen Systemen der Beschreibung mit der apparatgebundenen (materieabhängigen) Dynamik der Interpretation beruht. In der Physik und Mathematik mag eine künstliche Trennung dieser dynamisch interpretativen und linguistisch bescheibenden Modalitäten in der Bescheibung isolierter einfacher physikalischer Strukturen nützlich sein; Leben hingegen beruht auf dem geordneten Zusammenspiel dieser beiden Modalitäten auf den verschiedensten Ebenen lebendiger Hierarchie.

Diesem Doppelaspekt von Beschreibung und Interpretation, die in einem Sprachsystem komplementär in Erscheinung treten, liegt auch die gängige Unterscheidung zwischen Genotyp und Phänotyp zu Grunde. Grob formuliert, bezieht sich der Ausdruck Genotyp auf die Ebene der genetischen Beschreibung in einer befruchteten Eizelle. Der Ausdruck Phänotyp hingegen wird doppelt verwendet: Erstens bezieht er sich auf die konkrete Interpretation des genetischen Potentials in Form spezifischer Zellen, und zweitens spricht er ganz vage die konkrete individuelle Gestalt und das spezifische Handlungsmuster eines vielzelligen Organismus und damit auch eines Menschen zu einem bestimmten Zeitpunkt an; dabei wird allerdings die ganze Problematik der Entstehung eines vielzelligen Systems aus dem einzelligen System verschwiegen bzw. übersprungen.

Wie Pattee (1982) betont, müssen wir mit dem Symbol-Materie-Problem auf der Zellebene weiterkommen, wenn wir erwarten, in irgendeiner Form das Seele-Leib-Problem auf der Ebene des Gehirns zumindest teilweise zu lösen. Anders formuliert: Da wir stellenweise das Symbol-Materie-Problem bzw. (in der Sprache der Biologie) das Phänotyp-Genotyp-Problem auf der Ebene der Zelle artikulieren können, wird es sinnvoll sein, von dieser Erkenntnis aus auf das Leib-Seele-Problem hin vorzustoßen. Die Botschaft einer „Zell-Psychologie" lautet dabei, daß, zum Unterschied von einem Computer, der, wie Newell (1980) sich ausdrückt, immer ein Gefangener seiner Input-output-Domänen ist, eine Zelle sich nie in einer semantischen Isolation befindet. Eine Zelle „weiß" immer, was sie gerade tut. Die Zelle ist nämlich ein semantisch geschlossenes Netzwerk von Knoten (Verdichtungen) der Informationsverarbeitung *und* des direkten Wahrnehmens und Erkennens *und* der konkreten Handlung. Die Symbolketten der Nukleinsäuren haben keinen Sinn, wenn diese Symbolketten und die molekulare Dynamik, die sie interpretieren kann, nicht in einer syntaktisch-semantischen Schleife, die selbstdefinierend und

selbstkonstruierend ist, in einer empirisch verfolgbaren Kette von Operationen kreisförmig zusammengeschlossen sind.
Dieser Zusammenhang zwischen Lebendig-Sein und Sprache-Sein kommt vielleicht am besten in einer Formulierung von Goodwin (1972) zum Ausdruck: Er weist darauf hin, daß Organismus-Sein sowohl auf der Ebene der Zelle als auch auf der Ebene geistig-seelischen Verhaltens nicht mehr oder nicht weniger heißt, als Modelle und Hypothesen über uns und unsere Umwelt zu entwerfen, sie dem Test der „Welt“ auszusetzen, sie nach Kriterien des subjektiven Erfolges zu überprüfen und sie zu verwerfen, zu bewahren oder zu verbessern. Erlauben Sie mir, daraus die Schlußfolgerung zu ziehen, daß der Teil von Hypothesen, der uns angeboren ist, unsere Menschenrechte begründet, und daß der andere Teil, den wir aufgrund unserer ererbten Kreativität konstruieren, unseren wahrhaften oder wahnhaften Beitrag zur Geschichte der Menschheit darstellt.

ORGANISMISCHE SELBSTKONSTRUKTION UND MENSCHLICHE VERHALTENSGENETIK

Eine Reihe von entscheidenden Problemen der Verhaltensgenetik stehen in einem ursächlichen Zusammenhang mit der Tatsache, daß wir trotz einer Unmenge von Detailwissen letztlich keine Ahnung haben, wie aus einer befruchteten Eizelle der Gesamtorganismus entsteht. Es ist natürlich klar, daß die Erbanlagen durch ihre symbolische Funktion und Bedeutung für den Aufbau spezifischer Zellsysteme auch eine zusätzliche Bedeutung und Sinngebungsfunktion für den vielzelligen Organismus in sich tragen. Damit sind wir mitten in der Frage, wie aus einem zellulären Sprachsystem eine ganze Hierarchie von Sprachsystemen im Laufe der Ontogenese (= Ausdruck für den Prozeß der Selbstkonstruktion) entsteht. Dabei müssen wir bedenken, daß im Laufe der langen Entwicklungszeit des Menschen im Gehirn sehr verschieden hohe Ebenen von Sprachsystemen aufzubauen sind.
Da, wie wir gesehen haben, sprachliches und damit lebendiges Verhalten auf dem Zusammenschluß von Systemen der Beschreibung mit Systemen der Interpretation dieser Beschreibungen beruht und da die Interpretation solcher Beschreibungen immer abhängig ist von den physikalischen Details des Apparates, der diese Interpretation durchführt und damit Verhalten erzeugt, ist es

undenkbar, daß es irgendeine Verhaltensweise gibt, die nicht in irgendeiner Form elementar genetisch mitbestimmt ist. Wenn man weiters bedenkt, daß in neun Monaten mehrere hundert Milliarden Zellen in koordinierter Weise aufgebaut werden müssen, dann bekommt man vielleicht die angemessene Ehrfurcht vor dem Problem. Wenn man darüber hinaus weiß, daß allein die Hirnrinde aus mehreren Milliarden Nervenzellen besteht und wenn man überlegt, daß die Tausenden von spezifischen Kommunikationsstellen einer Nervenzelle mit anderen Nervenzellen und Zellsystemen (sogenannte Synapsen, verschiedene hormonelle Rezeptorsysteme, zelluläre Oberflächenerkennungssysteme, elektronische Kopplungen, usw.) aus molekularen Komplexen aufgebaut sind, an denen auch im einfachsten Fall eine große Zahl von Genen mitbeteiligt sein muß, dann wird vielleicht einsichtiger, wie wahnwitzig der immer noch existierende Gedanke ist, daß *einem* bestimmten Verhalten *ein* Gen entsprechen würde.
Dazu kommt noch, daß die Verhaltensweisen, die wir in unserer Alltagssprache benennen können, nicht identisch sind mit elementaren Prozessen der Entwicklung von Verhalten im Gehirn, sondern daß diese Verhaltensweisen immer sehr komplex zusammengesetzt sind. Selbst hinter Phänomenen wie Riechen, Hören und Sehen steckt eine große Zahl von Systemen im Gehirn mit ganz unterschiedlichen und spezifischen operativen Aufgaben. Deshalb ist ein Problem der Verhaltensgenetik dadurch gegeben, daß man nie weiß, ob man, vom Hirn aus gesehen, eine elementare oder logisch komplexe Verhaltensweise untersucht. Klar ist auch, daß die normale Variation oder störende Abweichungen von genetischen Beschreibungen, die in irgendeiner Form an der Konstruktion des Gehirns mitbeteiligt sind, nie nur eine Verhaltensweise betreffen kann. Dies ist auch durch die Art der Störungen, die basale Stoffwechselerkrankungen im Gehirn hervorrufen können, klar nachgewiesen. Mit dieser Feststellung, daß es überhaupt keine Verhaltensäußerungen geben kann, die nicht in mehrfacher Weise (in ihrer Entstehungsgeschichte, im Kontext ihres Auftretens, in ihrer konkreten Organisation durch einen physikalischen Apparat) durch Beschreibungen auf der Ebene der sogenannten Erbanlagen bedingt ist, daß uns aber andererseits derzeit detaillierteres Wissen wegen der Ungelöstheit des Problems organismischer Selbstkonstruktion weitgehend verwehrt ist, könnten wir diesen Abschnitt bereits beenden. Zur Vertiefung des Problembewußtseins und zur Illustration des Gesagten ist es aber zweckmäßig, Sie

– wenn auch in chaotischer Weise – mit weiteren Gedanken zu konfrontieren. Die Mehrzahl der Fragen zu diesem Thema müssen wir allerdings unausgesprochen lassen.

Goodwin (1982) stellt ebenfalls fest, daß die Biologie weder eine phylogenetische noch eine ontogenetische Theorie der Entstehung von Organismen besitzt, gibt aber gleichzeitig seiner Meinung Ausdruck, daß eine „genozentrische Biologie" (= auf die Gene konzentriert) zumindest durch biologische Feldtheorien ergänzt werden muß. Er betont auch, daß das ganze Konzept eines genetischen Programms als die lenkende Instanz der Embryonalentwicklung hoch problematisch und schwierig mit den genetischen und embryologischen Beweisen zu vereinbaren ist. Wir können auf seine detaillierte Problemsicht nicht einmal kurz eingehen, wollen aber zur Förderung des Problembewußtseins seine Schlußfolgerung zitieren: Sie lautet, daß wir in einer wirklich komprehensiven biologischen Theorie vermutlich die gleiche Komplementärität von Feldtheorie und einer Theorie der molekularen Bestandteile brauchen wie in der Physik.

Einen weiteren wichtigen Gedankengang, den wir gleichfalls nur in seiner problemorientierten Aussage wiedergeben können, haben wir von Conrad (1972) übernommen. Er weist nach, daß wir uns davor hüten müssen, im Hinblick auf das Konzept der Programmierung menschengemachte Automaten und organismische Systeme zu oberflächlich zu vergleichen. Die programmatische Kontrolle in Computern erfolgt in einer präskriptiven Weise, die Erzeugung von Aktionen und Verhalten ist also genau vorgeschrieben. In der Zelle hingegen wird die Kontrolle durch das genetische System nur in der Form ausgeübt, daß mögliche Interaktionen und damit Handlungen „zurechtgeschneidert werden". Solche Systeme können eigentlich nur durch evolutive Prozesse „programmiert" werden. Auch im Hinblick auf basale Lernprozesse in der Entwicklung des Menschen muß man seiner Meinung nach beachten, daß evolutionsanaloge Prozesse eine weit wichtigere Rolle im Aufbau psychischen Verhaltens spielen, als man gemeinhin annimmt (Conrad, 1973). Je mehr die phylogenetische und ontogenetische Plastizität eines Systems zunimmt, desto mehr nimmt der verhaltensvorschreibende Charakter der genetischen Beschreibungs-Kontrolle ab. Nur so können Systeme entstehen, die Geschichte in der tiefsten Bedeutung des Wortes haben.

Einen weiteren wichtigen Gedanken, der mit dem Vorhergehenden in Zusammenhang steht, hat Elsasser (1982) entwickelt. Er sagt, in einem neuen Schema theoretischer Biologie erscheine das Gen als ein operatives Symbol, welches als Auslöser kreativer Prozesse funktioniert. Wir möchten mit Nachdruck betonen, daß er zu diesem Schluß von theoretisch-physikalischen Überlegungen her kommt und daß er diese Gedanken im Gegensatz zu vitalistischen Vorstellungen aufbaut. Seiner Meinung nach muß eine biologische Theorie auf zwei Beinen stehen, die als mechanistische und kreative Aspekte beschrieben werden können. Wenn man die Gene als operative Symbole betrachtet, die als Auslöser kreativer Prozesse in der Selbstkonstruktion agieren, dann stellt man nur der strukturellen und dynamischen Komplexität von Organismen, die beide direkt beobachtbar sind, die logische Komplexität der Kreativität gegenüber. Auch Logiken der Kreativität sind artspezifischen Regularitäten unterworfen.

Solche Überlegungen sind meiner Meinung nach auch in einer außerordentlich interessanten Bemerkung von Rosen (1977) enthalten: Er meint, daß das Geheimnis der Entstehung von Sprachsystemen ein Rätsel ganz einfach deswegen gewesen ist, weil man seine Wurzeln in zu einfachen Modellen suche und gleichzeitig ihr wirkliches Auftreten in realen Systemen wegabstrahiere. Sinngemäß führt er aus, daß komplexe reale Systeme wegen ihres inneren Beziehungsreichtum immer zu Abweichungen führen zwischen dem, was das reale System tatsächlich tut, und dem, was in den Modellen und Beschreibungen, die dieses System enthält, vorhergesagt wird. Diese Abweichungen sind die eigentliche Basis für das Konzept des Irrtums in einer Systemtheorie. Diese „Irrtumstendenz" ist nicht nur die Ursache für das Altern von Organismen und das Fehlverhalten von Computern und sozialen Institutionen, sondern stellt auch die treibende Kraft hinter evolutiven Prozessen der Biologie dar. Ohne Zweifel stellt diese Annahme eine ungeheure Erweiterung unserer Sicht der Unvorhersagbarkeit individueller menschlicher Lebensgeschichte dar.

Diese mehr theoretisch formulierten Überlegungen finden im letzten Jahrzehnt ihre Entsprechung auch in den Vorstellungen von „Praktikern" neurobiologischer und psychobiologischer Forschung. So glaubt z. B. Stent (1981), daß die Entwicklungs-Neurobiologie sich bis in ein Gebiet weit jenseits der Gene ausdehnen sollte und das ganze Universum nonprogrammatischer, kontextuell gesteuerter, interzellulärer Interaktionen, auf denen das historische Phänomen der Selbstkonstruktion vielzelliger Organismen ruht, miteingeschlossen werden muß.

In einem großen Sprung müssen wir uns vom vorhergehenden Thema absetzen und uns auf eine ganz wichtige Erkenntnis konzentrieren. Weder in der Zelle noch im Gehirn kann man bisher Systeme nachweisen, die alles können (die auf eine allgemeine Absicht abgestellt sind). Ganz im Gegenteil, sowohl auf der molekularen Ebene in der Zelle als auch auf der Ebene der Systeme innerhalb des Nervensystems sind wir mit einer unendlichen Anzahl von Systemen mit hochspezifischen Aufgaben konfrontiert (Geschwind, 1980; Von Foerster, 1981, Keil, 1982). Im Fachjargon spricht man von der modularen Struktur des Gehirns. Chomsky (1981) formuliert: „Eine Kreatur mit einem reich strukturierten, hochmodularen System mentaler Organisation ist in der Tat glücklich zu nennen. Sie kann, von mageren Materialien ausgehend, eine komplexe Welt der Einsicht und des Verstehens konstruieren, die sie mit anderen, die gleich ausgestattet sind, teilt".

In dieser Sicht, wo man beinahe so weit ist, daß man jede Nervenzelle als ein hochspezialisiertes Individuum betrachten muß, wird das Problem der Selbstkonstruktion des Nervensystems aus einer befruchteten Eizelle noch undurchdringlicher. Nachdem das Gehirn in der Schilderung des Gehirns praktisch mit sich selbst konfrontiert ist, ist es fraglich, ob es uns je voll möglich sein wird, den ganzen Reichtum des Gehirns an logischen Einzigartigkeiten, an spezifischen Weltsichten und an operativen Tricks zu beschreiben. Auch von dieser Perspektive her ist, wie bereits am Anfang andeutungsweise erwähnt, eine psychiatrische Genetik in einer ungeheuer schwierigen Position. Sie kennt nämlich meistens die spezifischen Verhaltenslogiken nicht, deren genetische Variation und Umweltabhängigkeit in der Entstehungsgeschichte sie untersuchen möchte (Henderson, 1982).

Weil wir schon bei der Komplexizität der Beschreibungen und der räumlichen Komplexität der Interpretation dieser Beschreibungen auf der Ebene des Gehirns angelangt sind, möchte ich einen ganz einfachen Gedanken vorbringen. In unserer Sprache finden wir vielhundertfachen Hinweis auf die ungeheure Komplexität unserer Daseinsthematik in den Gefühlswörtern. Wenn man die einzelnen Sprachen vergleicht, erweitert sich diese Perspektive noch beträchtlich. Es gibt in fremden Sprachen Wörter für Verhaltensweisen, die wir natürlich ebenfalls besitzen, aber deren wir uns in unserer Sprache nicht bewußt sind. Wir müssen dabei ganz allgemein auf die Relativität menschlicher äußerer Kommunikationssprachen verweisen, denn wie Whorf (1952) betont, haben die einzelnen kulturell entwickelten Kommunikationssprachen die Daseins-Thematik des Menschen in sehr verschiedenen Mustern entwickelt. Das heißt, jede Sprache trägt ontologische Vorurteile in sich. Mit anderen Worten: Gruppen, die verschiedene Sprachsysteme benützen, gebrauchen unterschiedliche Weisen des Denkens und Wahrnehmens und kommen damit zu unterschiedlichen Weltbildern. Von Bertalanffy (1962) zitiert in einem Essay über die Relativität von Kategorien Professor Kluckhohn, der behauptet, daß in den indogermanischen Sprachen der Aspekt der Zeit, in der Hopi-Sprache der Aspekt der Gültigkeit und in Navaho (einer weiteren Indianer-Sprache) der Typ der Aktivität von vorrangiger Bedeutung ist.

Aber abgesehen von diesem Problem, daß jede Sprache schon eine Einengung der ontologischen Breite menschlicher Wirklichkeit vermittelt, bleibt die Tatsache bestehen, daß unsere Sprachen den Reichtum an Daseinsthemen hinsichtlich der möglichen Beziehungen zwischen dem Ich und dem Körper, zwischen verschiedenen Aspekten mitmenschlicher Beziehung usw. widerspiegeln. Bedenken Sie nur, daß uns unsere Sprache darauf verweist, daß wir eine unendliche Fülle hochspezifischer Psychologien der Selbstdarstellung, der Selbstverteidigung, der Selbsterhaltung, der Selbstverwirklichung, der Selbstbehauptung benötigen. Nur um einen Denkanstoß zu geben und bei Ihnen einen Prozeß des persönlichen Weitermeditierens auszulösen, möchte ich auf einige dieser Gefühlswörter hinweisen: Wir benötigen eine Psychologie der Angst, eine Psychologie der Anteilnahme, eine solche der Andacht, der Anmaßung, der Anspruchslosigkeit, der Argwohns, der Bitterkeit, der Buße, der Barmherzigkeit, der Bestürzung, der Bescheidenheit, der Bewährung, der Besessenheit, der Begeisterung, der Demut, des Drohens und Bedrohens, der Dankbarkeit, der Einfalt, der Eifersucht, der Ehrfurcht, der Ehre, des Ehrgeizes und des Enzückens. Wir benötigen eine Psychologie der Feigheit, der Feindseligkeit, der Freude, der Friedfertigkeit, der Furcht, der Feindschaft, der Grausamkeit, der Glückseligkeit, des Gehorsams, der Güte, der Gottesfurcht, des Glaubens, der Gerechtigkeit, des Hasses, der Heuchelei, der Haltlosigkeit, der Hoffnung, des Heimwehs, der Inbrunst, des Jähzorns, des Klagens, der Kühnheit, der Lüge, der Lauterkeit und des Lobens. Wir benötigen eine Psychologie des Mutes, des Mitleids, der Mildtätigkeit, der Mordlust, des Neides, der Neugierde, der Ohnmacht, der

Offenherzigkeit, des Opfermuts, der Prahlsucht, der Pflichtbereitschaft, der Reue, der Reizbarkeit, des Ruhms, der Sorge, der Sehnsucht, der Sühne, der Selbstlosigkeit, der Scham, der Schlauheit, der Schmeichelei, des Scherzens, des Stolzes und der Standhaftigkeit. Wir benötigen eine Psychologie der Treue, der Torheit, der Trübsal, des Übermuts, des Verzichts, der Verachtung, der Versöhnung, der Verzweiflung, der Wut, der Würde, des Wunderns, der Zuversicht, des Zorns, des Zweifels, der Zärtlichkeit und der Liebe. Zur weiteren Illustration lassen Sie mich noch auf den Reichtum an Daseinsthemen, der sich allein hinter dem Wort Mut in seinen verschiedenen Kombinationen zeigt, hinweisen: Hochmut, Großmut, Sanftmut, Wehmut, Übermut, Kleinmut, Wankelmut, Unmut, Freimut, Langmut, Edelmut, Mißmut, Wagemut, usw.

Ich glaube, daß dieser schlichte Blick auf den Wortschatz unserer Muttersprache deutlicher als alles andere belegt, wie unermeßlich das Problem menschlicher Selbstkonstruktion und damit das Problem, das wir im Titel „Anlage-Umwelt-Dilemma“ umschrieben haben, aus anthropologischer Sicht ist.

Eine kurze Notiz ist auch zum Thema Lernen notwendig, obwohl wir nicht ein neues Thema anschneiden wollen, das wir dann wiederum nicht einmal oberflächlich streifen können. Als erstes ist die Warnung fällig, daß es sehr unterschiedliche Konzepte des Lernens gibt. Oft wird die Mißachtung des wirklichen Problems der Ontogenese, also der menschlichen Selbstkonstruktion, mit einem leichtfertigen Gebrauch der Worte Lernen und Erfahrung verschleiert. Im Problembereich lebensphasenspezifischen Lernens, im Bereich der konkreten kulturellen Thematisierung der einzelnen Daseinsthemenbereiche, die uns in unseren Anlagen vorgegeben sind, steckt eine Vielzahl von spezifischen Aspekten des Anlage-Umwelt-Dilemmas. Bei vielen „Lernprozessen“ bedeutet Lebenserfahrung nicht die Aneignung neuer Programme, sondern den Verlust einer eingebauten programmatischen Vielfalt (Geschwind, 1980).

Wie schon beiläufig erwähnt, hat natürlich für den Aspekt des Lernens auch die Annahme der Modularität und Bereichsspezifität der verschiedenen Strukturen des Gehirns, die Verhalten erzeugen, eine weitreichende Konsequenz. Lernen im Bereich lebender Systeme ist nämlich an das logische Prinzip induktiver Schlußfolgerung gebunden. Damit bezeichnet man ganz allgemein das Prinzip der Verallgemeinerung, d. h. Operationen, die aus der

Beobachtung von Einzelereignissen zu allgemeinen Feststellungen kommen und damit Vorhersagen erlauben (Von Foerster, 1969). Im Prozeß des Lernens werden auf dem Wege induktiver Prinzipien Beschreibungen und damit Modelle der Welt und unseres Verhaltens in der Welt konstruiert (Loefgren, 1980, 1981, 1982). Alle Lernprozesse sind Beschreibungsprozesse, das heißt, sie nehmen in irgendeiner Form Änderungen von Beschreibungen lebender Sprachsysteme vor. Darum kann auch Gedächtnis nicht als Datenspeicher interpretiert werden, sondern muß als ein Prozeß des Selbsterinnerns (self-remembering) beschrieben werden (Glanville, 1979). Lernen heißt, symbolische Beschreibungen von Prozeduren der Interpretation aufzubauen, die Verhalten produzieren und reproduzieren. Darum werden von den gängigen Lerntheorien auch nur sehr oberflächliche Aspekte des Lernens angesprochen. Lebendiges Lernen ist wesentlich ein themenbereichs-spezifischer Prozeß des Aufbaus induktiver Logiken (Logiken der Verallgemeinerung und der Selbstbestätigung). Nur auf diesem Wege ist der Reichtum unserer Lernfähigkeiten überhaupt möglich; allerdings wurzelt darin auch die Irrtumsmöglichkeit lebender Systeme.
Durch die Rolle, die induktive Prinzipien und Prozesse in der menschlichen Selbstkonstruktion und bei Lernprozessen spielen, ist es überhaupt erst vorstellbar, warum ein Kind am Spezialfall seiner Beziehung zur Mutter eine lebenslang währende Handlungslogik und damit Verhaltenstendenz entwickelt. Hieraus erklären sich die Wiederholungszwänge, denen der Mensch in seinem Leben unterworfen ist. Hierin liegt auch ein Grund, warum Systeme, die sich im Sinne von Leben entwickeln, dialogische Systeme sind (Nowakowska, 1980). „Lebendige und damit auch menschliche Handlungssprachen“ entwickeln sich, wie sie richtig vermerkt, aus der Begegnung mit Mitmenschen, aus der Beobachtung der Umwelt und aus der Selbstbeobachtung. Mit dieser Betonung des dialogischen Charakters von Entwicklungsprozessen sind wir schon bei unserem nächsten Thema angelangt, nämlich dem Wesen der mitmenschlichen Begegnung.

ZUR THEORIE MITMENSCHLICHER BEGEGNUNG

Aus psychiatrischer Sicht ist die mitmenschliche Begegnung ein elementarer Bestandteil des Anlage-Umwelt-Dilemmas. Darum möchten wir Sie mit den Ansätzen einer Theorie der Kommunikation vertraut machen, die hauptsächlich auf der Konversationstheorie von Pask (1976, 1977, 1978, 1982) beruht. Menschliche Konversation findet nicht nur in der Interaktion zwischen zwei Menschen mittels verbaler oder nonverbaler Sprachen statt, sondern auch in Form interner Konversation zwischen Perspektiven und Rollen in den Denk- und Selbstbewußtmachungs-Prozessen der Menschen. Mit Nachdruck muß darauf hingewiesen werden, daß wir hier primär an einer Theorie der Kommunikation und nicht an einer Technologie der Kommunikationsmittel interessiert sind.

Ganz abstrakt kommt von Foerster (1972) zu dem Schluß, daß „Kommunikation eine (interne) Repräsentation der Beziehung zwischen (einer internen Repräsentation von) einem selbst und irgendjemand anderem ist". Will man also nicht bei einer Theorie *über* Teilnehmer einer Kommunikation steckenbleiben, sondern zu einer Theorie *der* Teilnehmer in mitmenschlichen Begegnungen vorstoßen, dann muß eine Konversationstheorie relativistisch *und* reflektiv sein.

Die Pragmatik mitmenschlicher Begegnung – mitmenschliche Begegnung als ein Sprachsystem verstanden – tritt nur dann voll zutage, wenn formal linguistische, das heißt syntaktische Aspekte und interpretative, das heißt semantische Aspekte, gleichzeitig erwogen werden (siehe auch oben).

Was ist nun das eigentliche Wesen mitmenschlicher Begegnung? Das Wesen der Kommunikation liegt in der Errichtung gemeinsamer Konzepte des Handelns und Verstehens in irgendeinem Ort der komplexen Organisation menschlicher Verhaltensproduktion. Es werden dabei stabile Handlungskonzepte, die man gemeinsam teilt, aufgebaut. Dies geschieht praktisch mittels einer Dialektik von Befehlen und Gehorchen, von Fragen und Antworten, von Verführen und sich Verführen-Lassen, von Vergewaltigen und sich Vergewaltigen-Lassen oder, neutral formuliert, von Orientierungsverhalten und Orientierbarkeit (zu letzterem siehe Maturana, 1970). Es kommt also bei einer kommunikativen Begegnung zu einer Synchronisation, zu einer Verkopplung von zwei Systemen, die sonst asynchron und unabhängig wären. Kommunikation ist somit Synchronisation menschlichen Handelns.

Pasks Konversationstheorie ist ungeheuer detailliert ausgearbeitet, und es wäre von großem Profit, könnte man jedes Detail im Hinblick auf die Psychologie des Alltags besprechen. Ich kann

und will Sie aber hier nur in neue Sichtweisen einführen. Eine solche Sichtweise besagt, daß mitmenschliche Begegnung ein hochaktiver Prozeß, also Sozialarbeit im wahrsten Sinne des Wortes ist, gilt es doch, sollte mitmenschliche Kommunikation gelingen und tatsächlich stattfinden, die ungeheure Vielfalt menschlicher Daseinsthematik und Handlungsprozeduren in einzelnen oder mehreren Bereichen zu synchronisieren. Gelungene mitmenschliche Begegnung bedeutet, daß in einem ständigen Wechselspiel beide Partner einerseits programmatische Macht auf das Gehirn des jeweils anderen ausüben und sich andererseits dieser mitmenschlichen Macht aussetzen, indem sie sich allen Risiken des Umprogrammiertwerdens öffnen. Eine Theorie der Kommunikation muß deshalb wohl mit einer Psychologie der Hoffnung (ist gleich Hoffnung auf kommunikative Mächtigkeit) und einer Psychologie des Vertrauens (ist gleich Fähigkeit, sich der programmatischen Macht des Du auszusetzen) beginnen.
Man kann auch den Beweis führen, daß die Logik der Aggression und die Logik der Schuldgefühle in einem inneren Zusammenhang mit dem Wesen mitmenschlicher Begegnung stehen. (Pritz und Mitterauer, 1978). Dabei würde das große menschliche Aggressionspotential als Selbstreparaturmechanismus im Hinblick auf erlebte kommunikative Ohnmacht (gleichgültig, ob innen oder außen erzeugt) fungieren. Die Existenz von Schuldgefühlen würde andererseits in einen selbstreparativen Zusammenhang mit erlebter Unfähigkeit „Sich-der-kommunikativen-Macht-des-Du-Aussetzen-zu-Können“ gebracht. Höchstwahrscheinlich läßt sich auch eine Logik der Angst nur auf dem Hintergrund des Wesens mitmenschlicher Begegnung entwickeln.
Nach diesem Seitensprung in die allgemeine Psychologie müssen wir wieder zu unserem Thema des Anlage-Umwelt-Dilemmas und seiner Beziehung zur mitmenschlichen Begegnung zurückkehren. Hier interessiert die mitmenschliche Begegnung deshalb, weil die Erkenntnis rasch um sich greift, daß Lernen und Selbstkonstruktion des Menschen, soweit dazu Mitmenschen notwendig sind, kein passiver Prozeß des Gehirns ist, sondern immer in der vollen Dynamik mitmenschlicher Begegnung betrachtet werden muß. Wie Pask einmal sagt, bedeutet Erlernen auch Verstehen; auch muß die Praxis des Lehrens wohl als Theorie des Lehrens *und* Sich-Belehren-Lassens abgehandelt werden.
Das ganze Problem menschlicher Identifikation im Rahmen menschlicher seelischer Entwicklungsgeschichte ist ebenfalls nur

kommunikationstheoretisch zu verstehen. Grob formuliert, versteht man unter Identifikation das Phänomen, daß ich mich auf einem gewissen Daseins-Themengebiet total dem programmatischen Einfluß eines Mitmenschen aussetze. Im Rahmen der menschlichen Entwicklung sind nun offenbar phasenspezifisch angeborene Tendenzen zur Identifikation mit bestimmten Personengruppen mit spezifischen Merkmalen gegeben. Nehmen Sie dies als ein Beispiel, wie ungeheuer indirekt angeborene Phänomene in die Entstehung menschlichen Verhaltens eingreifen können.
Ein weiterer Gedanke soll ebenfalls noch blitzlichtartig beleuchtet werden. Lichtenstein (1961) postuliert, daß die früheste Mutter-Kind-Beziehung als Beginn mitmenschlicher Begegnung im hier vorgebrachten Sinne erste Selbstinstrumentalisierung und soziale Selbsterfahrung des Kindes vermittelt. Der Mensch ist in seiner Selbstkonstruktion offenbar einem Starterproblem unterworfen (Mitterauer und Pritz, 1984). Der Mensch startet seine Selbstverwirklichung im Gegensatz zum Tier von einem Seins-Themenbereich-Chaos aus; er hat im Hinblick auf sein soziales handlungstheoretisches Selbstverständnis keine angeborene, unmittelbar in Praxis umsetzbare Identität. Es läßt sich in diesem Zusammenhang nun spekulieren, daß das Kind in seiner ersten mitmenschlichen Erfahrung eine Uridentität aufbaut (Lichtenstein spricht von einer primären Identitätsthematisierung) und sich damit den Ausgangspunkt für eine Handlungstheorie seines eigenen Instrumentalitätscharakters in der mitmenschlichen Gesellschaft erzeugt. Die kommunikative Erfahrung mit der Mutter würde dann dem Kind eine erste Erfahrung als soziales Wesen vermitteln und das Kind dabei mittels der Vorgabe einer Wertbereichsstrukturierung (Uridentität) für sein Leben prägen. Die ganze spätere Selbstverwirklichung des Kindes würde irgendwie nur mehr Permutationsmuster dieser primär gesetzten Handlungslogik erlauben. Lichtenstein sieht in seiner Arbeit diese Patenschaft der Mutter am Beginn der sozialen Selbstdefinition des Kindes noch in den Rahmen basaler Sexualität eingespannt.
Diese primäre Identitätsthematisierung des Menschen legt also den Grundstein zu seinem basalen Selbstverständnis, d. h. in welcher spezifischen Weise er sich als Instrument der Schaffung von Kultur und als Werkzeug in der Errichtung kommunikativer Beziehungen versteht. Primäre Identitätsthematisierung heißt, in kommunikativem Wechselspiel mit der Mutter einen bleibenden Interpretationsstil subjektiver Handlungslogik aufzubauen.

Die bisher vorgebrachten Überlegungen kann man auch so zusammenfassen: Es gibt eine Unmenge entwicklungspsychologischer Beweise, daß der Mensch von Geburt an voll kommunikationsfähig im oben definierten Sinne ist. Er findet Umweltsituationen nicht nur vor und ist dem Mitmenschen nicht machtlos ausgesetzt, sondern er sucht gezielt spezifische mitmenschliche Aspekte, trachtet diese vielleicht sogar zu provozieren und ist damit irgendwie in der Lage, sich Lern- und Belehrungssituationen auf seinem Weg der Selbstkonstruktion angeborenerweise „sozial" zu erarbeiten.

Das breite Gebiet nonverbaler Kommunikationssprachen kann hier nicht ganz unerwähnt bleiben. Warum? Offenbar haben wir mit den sogenannten nonverbalen Sprachen die technische Voraussetzung für totale mitmenschliche Begegnung ohne das Problem babylonischer Sprachverwirrung in die Wiege mitbekommen. Ihre Bedeutung kann man vielleicht auch darin ermessen, daß wir die ersten Jahre unseres Lebens unsere kommunikativen Bezüge fast ausschließlich mit diesen Mitteln bestreiten und trotzdem im geschilderten aktiven Kontakt mit der Umwelt in unserer Selbstkonstruktion schnell und sicher vorankommen. Die nonverbalen Sprachen sind von ungeheurer Komplexität und logischem Reichtum, müssen sie doch alle Verhaltensweisen des Menschen intrapersonal und interpersonal kommunizierbar machen können. Es wird deshalb auch jede physiologische Funktion, jedes motorische Programm und unser ganzes Wahrnehmungspotential in diesem Bereich eingesetzt. Für unsere Fragestellung von Bedeutung ist das Thema aber auch deshalb, weil Behinderungen und angeborene Störungen (Stummheit und Taubheit) in Teilbereichen dieses Sprachsystems zu einer Behinderung der Selbstkonstruktion über die Behinderung der mitmenschlichen Begegnung führen können. Hier können angeborene „Behinderungen" im Hinblick auf die nonverbalen Kommunikationssprachen zu Störungen im Bereich der Selbstkonstruktion führen, die, wenn man das Problem nicht in seiner ganzen Breite bedenkt, als rein umweltbedingte Störungen beeindrucken.

Noch ein abschließender Kommentar zum Thema soziokulturelle Einbettung: Das psychoanalytische Über-Ich-Konzept nähert sich der Tatsache der soziokulturellen Selektion und Beeinflussung ebenfalls vom Blickwinkel der ontogenetischen Konstruktion organismischer/personaler Autonomie. Das heißt, soziokulturelle Inhalte nehmen über interpersonale kommunikative Ereignisse am

Aufbau individuell subjektiver Handlungslogiken teil. Sie bestimmen also mit, welche Eigen-Zustände im Leben zählen, welche Eigen-Funktionen als effektiv betrachtet werden, welche Eigen-Operationen als legitim empfunden werden und welches Eigen-Verhalten dem Menschen angemessen ist (Pritz und Mitterauer, 1977). Etwas anders kann man das Problem auch noch so formulieren: Soziokulturelle Wert-Systeme (Weltanschauungen), in die man im Rahmen seiner Selbstkonstruktion eingebettet ist, bestimmen mit, a) welche Daseins-Themen aus der gesamten Fülle menschlicher ontologischer Möglichkeiten betont werden und welche verworfen werden, sie bestimmen auch mit, b) wie die einzelnen Daseins-Themenbereiche und Handlungslogiken, für die in einer Kultur überhaupt Platz ist, konkret thematisiert werden, und sie bestimmen auch mit, c) wie diese Daseins-Themenbereiche in einer Handlungslogik zueinander geordnet werden. Dies alles erfolgt aber über konkrete mitmenschliche Beziehungen.

POST SCRIPTUM

Wir sind bislang nicht konkret auf die Frage der Vererbung seelischer Probleme eingegangen. Man könnte Untersuchungen vorlegen, die von den neurotischen Eigenschaftsmustern über die Neigung zu Stimmungsschwankungen und zu Suchtverhalten bis zum Problem der wahnhaften Bearbeitung von Daseins-Themenbereichen nachweisen, daß genetische Faktoren eine Rolle spielen. Adoption vermag eine familiäre Anhäufung dieser Probleme im Vergleich zur Durchschnittsbevölkerung nicht aufzuheben. In unserer Arbeit wurde immer wieder darauf hingewiesen, daß es kein Phänomen des Lebens gibt, das unabhängig von den physikalischen Strukturen des Organismus gesehen werden kann, damit gibt es auch kein Phänomen, bei dem nicht in irgendwelcher Form die Sprache der Gene ein gewichtiges Wort zu reden hat. Andererseits ist uns das Geheimnis der Evolution und das Geheimnis der Selbstkonstruktion lebender Systeme, und damit auch des Menschen, nach wie vor nicht wirklich zugänglich. Viele meinen, daß es sich dabei um einen kreativen Prozeß handeln muß – und kreative Prozesse verstehen wir mit Sicherheit noch nicht.
Um zur familiären Häufung von psychischen Problemen zurückzukehren: Was heißt das schon, psychisch belastet zu sein? Ver-

mutlich gibt es, von ganz wenigen Ausnahmen abgesehen, keine schweren chronischen psychiatrischen Probleme im eigentlichen Sinne. „Schwere psychiatrische" Fälle sind selten und stellen nur die Spitze eines Eisberges an seelischer Problematik dar; was sagt diese schon über die unter dem Wasser liegenden Bereiche aus? Wenn man Hunderte von Familien und Personen mit erhöhtem Risiko, zumindest einmal oder phasenweise massiver seelisch krank zu werden, studiert hat, dann kommt man zu folgender Problemsicht:

1. In Geschwistergruppen finden sich neben Männern und Frauen mit einem schweren Lebensschicksal aus psychiatrischer Sicht gleichzeitig auch solche mit ungeheurer Leistungsfähigkeit, Kreativität und sozialem Erfolg (siehe auch Pritz/Mitterauer in diesem Buch).
2. Was sagt schon eine seelische Erkrankungsbereitschaft über den Wert und die sonstige Persönlichkeit des betroffenen Menschen aus? In dieser Arbeit wurde immer wieder auf den unvorstellbaren Reichtum menschlicher Daseinsthematik hingewiesen. Je länger die Erfahrung in der nervenärztlichen Praxis ist und je vertrauter der Kontakt mit dem Patienten wird und je mehr sich der Kontakt nicht nur auf Phasen flüchtiger Krankheit beschränkt, desto klarer wird offenbar, daß seelische Problematik den Wert und den Reichtum menschlichen Daseins nicht zu unterdrücken vermag; manchmal vielleicht sogar erst wirklich sichtbar macht.
3. Wenn man von schweren stoffwechselbedingten Aufbaustörungen, die genetisch einigermaßen erforscht sind, absieht, dann ist im Hinblick auf das eigentliche Gebiet nervenärztlicher Tätigkeit von jeder Eugenik in der Mehrzahl der Fälle abzuraten und in Ausnahmefällen nur mit äußerster Vorsicht zu beraten. Wenn man nämlich das Risiko, zumindest einmal im Leben schwerer psychisch zu erkranken – was nicht heißt, mit einem Psychiater in Berührung zu kommen – genauer kennt, dann würde ein eugenischer Wahn in der Abschaffung der Menschheit enden. Psychiatrische Eugenik zu betreiben hieße darüber hinaus wohl auch, menschliche Schöpferkraft zu unterbinden. Es machen sich auch viele Biologen und Ärzte keine Gedanken darüber, in wie kleinen Prozentsätzen sich die Menschheit genetisch unterscheidet und wie nahe verwandt wir über die Jahrhunderte und Jahrtausende hinweg gesehen sind, wenn wir in einer umschriebenen geographischen und soziokulturellen Region leben.

Die Erkenntnis, daß sich der Wert oder der Unwert des Lebens nicht nach seinen Erkrankungen, die seelischen eingeschlossen, richtet, ist nicht nur eine Botschaft, die von Religionen verkündet wird, sondern auch eine Botschaft, die sich meiner Wertung nach aus dem wissenschaftlichen Verständnis des Lebens als Sprache begründen läßt.

4. Einen wichtigen Schluß läßt die Verhaltensgenetik allerdings auch noch zu: Menschen, die leicht leben, sollten zur Kenntnis nehmen, daß es auch schicksalhaft begründet sein kann, daß man schwerer oder leichter lebt. So sehr ich dafür plädiere, daß man sich selbst und die Gemeinschaft ständig hinterfragt und damit nach Antworten und Lösungen von Problemen sucht, so sehr muß auch betont werden, daß das Anlage-Umwelt-Dilemma meiner Bewertung nach auch die Beschränkung verkündet, daß der Mensch nicht wirklich in der Lage ist, Richter zu sein.

5. Es ist nicht richtig, daß man in einen therapeutischen Nihilismus verfallen muß, wenn eine Erkrankungsproblematik als genetisch mitbedingt erkannt ist. Wie Ihnen unsere Ausführungen hoffentlich gezeigt haben, besagt andererseits die Tatsache, daß ein Geschehen wesentlich durch eine Umweltproblematik mitbestimmt ist, wegen der besonderen Weise apparativer Selbstkonstruktion des Menschen auch nicht, daß man besser helfen könnte.

Die Arbeit ist sehr theoretisch ausgefallen; dies bewußt in einer Zeit, wo nach wie vor eine große Theoriescheu einer sogenannten Tatsachenbesessenheit gegenübersteht. Es macht sich aber in der wissenschaftlichen Gemeinschaft immer mehr die Meinung breit, daß das Praktischeste, was es gibt, ein guter theoretischer Ansatz ist. Theoretisch denken heißt auch, problemorientiert denken. Es ist allerdings viel schwerer, Probleme zu umreißen als einfache Tatsachen zu schildern. Hilflosigkeit in der Kommunikation ist dabei nicht nur persönliche Hilflosigkeit. Auch unsere Muttersprache hat ihre hilflosen Seiten. Das Problem von Sprache und Sprachstrukturen als basales Prinzip des Lebens hat sich auch sonst wie ein roter Faden in seinen vielen Facetten durch unsere Arbeit gezogen. Und weil wir schon beim Thema Sprache sind, lassen Sie mich mit einem Wort Goethes unsere Begegnung beenden: „Das Höchste wäre: zu begreifen, daß alles Faktische schon Theorie ist“.

LITERATUR

BARLOW, G. W. (1980): The development of sociobiology: a biologist's perspective. in Sociobiology: Beyond Nature/Nurture? BARLOW, G. W. und SILVERBERG, J. (eds). Boulder: Westview Press. (3–24).

BARNETT, S. A. (1972): The ontogeny of behavior and the concept of instinct. in Brain and Human Behavior. KARCZMAR, ECCLES, J. C. (eds.). New York: Springer. (377–391).

BOVET, D. (1980): Nature, nurture and the psychological approach to learning. in Brain and Human Behavior. KARCZMAR, A. G. und ECCLES, J. C. (eds.). New York: Springer. (324–340).

BERTALANFFY, L. VON (1962): An essay on the relativity of categories. General Systems 7, 71–83. Society for General Systems Research.

CHOMSKY, N. (1981): A naturalistic approach to language and cognition. Cognition and Brain Theory 4, 3–22.

CONANT, R. C. und ASHBY, W. R. (1970): Every good regulator of a system must be a model of the system. Int. J. Systems Sciences 1, 89–97.

CONRAD, M. (1972): Information processing in molecular systems. Biosystems 5, 1–14.

CONRAD, M. (1973): Is the brain an effective computer? Intern. J., Neuroscience 5, 167–170.

ELSASSER, W. M. (1982): The other side of molecular biology. J. Theor. Biol. 96, 67–76.

FOERSTER, H. VON (1971): Computing in the semantic domain. Ann. New York Acad. Sciences 184, 239–241.

FOERSTER, H. VON (1981 und 1972): Observing systems (collected papers). Seaside, Niederzissen: Intersystems Publications.

FRASER, A. (1970): An epigenetic system. In Towards a Theoretical Biology 3: Drafts. WADDINGTON, C. H. (ed.). Edinburgh: Edinburgh University Press. (57–62).

GALLOPIN, G. C. (1981): The abstract concept of environment. Int. J. General Systems 7, 139–149.

GESCHWIND, N. (1980): Neurological knowledge and complex behaviors. Cognitive Science 4, 185–193.

GLANVILLE, R. (1979): The form of cybernetics: Whitening the black box. Society for General Systems Research, Proceedings of the 1979 North American Meeting. (35–42).

GOODWIN, B. C. (1972): Biology and meaning. in Towards a Theoretical Biology 4: Essays. WADDINGTON, C. H. (ed.). Edinburgh: Edinburgh University Press. (259–275).

GOODWIN, B. C. (1982): Development and evolution. J. Theor. Biol. 97, 43–55.

HENDERSON, N. D. (1982): Human behavior genetics. Ann. Rev. Psychology 33, 403–440.

KEIL, F. C. (1982): Intelligence and the rest of cognition. Intelligence 6, 1–21.

LICHTENSTEIN, H. (1961): Identity and sexuality: A study of their interrelationship in man. J. Am. Psychoanal. Ass. 9, 179–260.

LOEFGREN, L. (1977): Complexity of descriptions of systems: A foundational study. Int. J. General Systems 3, 197–214.

LOEFGREN, L. (1980): Methodologies and the induction problem. 5th European Meeting on Cybernetics and Systems Research, Vienna. Proceedings.

LOEFGREN, L. (1981): Life as an autolinguistic phenomenon. in Autopoiesis, ZELENY, M. (ed.). New York: North Holland. (236–249).
LOEFGREN, L. (1982): Excerpts from the autology of learning. 6th European Meeting on Cybernetics and Systems Research, Wien. Proceedings.
MATURANA, H. H. (1970): Biology of Cognition. BCL Report 9.0. Urbana: University of Illinois.
MITTERAUER, B. und PRITZ, W. F. (1984): Selbstbewußtwerdung und Selbstaktualisierung: Handlungstheoretische Überlegungen. In: Salzburger Jahrbuch für Philosophie XXVI. Salzburg: Pustet.
NOWAKOWSKA, M. (1980): Developmental Systems: Dialogue Theory of development. Society for General Systems Research: Proceedings 24th Annual North American Meeting. (81–91).
PASK, G. (1976): Styles and strategies of learning. Br. J. Educ. Psychology 46, 128–148.
PASK, G. (1977): A conversation theoretic approach to social systems. Fourth World Congress of Cybernetics and systems. Amsterdam 1978.
PASK, G. (1978): Consciousness. J. Cynbernetics 9, 211–258.
PASK, G. (1981): Organizational closure of potentially conscious systems. In Autopoiesis. ZELENY, M. (ed.). New York: North Holland.
PASK, G. (1982): Some generalizations of conversation theory and protolanguage Lp. in Progress in Cybernetics and Systems Research. Vol. IX. TRAPPL, L.; RICCIARDI, L. und PASK, G. (eds.). Washington, London: Hemisphere Publishing Cooperation. (407–424).
PATTEE, H. (1972 a): Physical problems of decision-making constraints. Int. J. Neuroscience 3, 99–106.
PATTEE, H. (1972b): Laws, constraints, symbols and languages. In Towards a Theoretical Biology 4: Essays. WADDINGTON, C. H. (ed.). Edinburgh: Edinburgh University Press. (248–258).
PATTEE, H. (1974): Dynamic and linguistic structures in biological organization. Conference on the political, psychosocial, educational and policy implications of structuralism. Santa Barbara: The Center for the Study of Democratic institutions.
PATTEE, H. (1977): Dynamic and linguistic modes of complex systems. Int. J. General Systems 3, 259–266.
PATTEE, H. (1978): The need for complementarity in social systems theory. Society for General Systems Research, Washington. Proceedings of the 22nd Annual North American Meeting. (146–150).
PATTEE, H. H. (1982): Cell Psychology: An Evolutionary approach to the symbol-matter problem. Cognition and Brain Theory 5, 325–341.
PETERSON, L. J. (1975): The Recursive Nature of Descriptions: A Fixed Point. BCL Report No. 252. Urbana, University of Illinois.
PRITZ, W. F. und MITTERAUER, B. (1977): Preliminary Notes on the superego concept and emotional connotation I and II. World J. Psychosynthesis 9, 2/20–25 and 3/24–28.
PRITZ, W. F. und MITTERAUER, B. (1979): Towards an organismic theory of emotional connotation I and II. World J. Psychosynthesis 11, 1/37–42 and 2/28–33.
ROSEN, R. (1977): Complexity as a system property. Int. J. General Systems 3.
ROSEN, R. (1979): Sixth annual Ludwig von Bertalanffy memorial lecture. Behav. Science 24, 238–249.

STENT, G. S. (1981): Strength and weakness of the genetic approach to the development of the nervous system. Ann. Rev. Neuroscience 4, 163–194.
TRYON, R. C. (1934): Individual differences. In Comparative Psychology. MOSS, F. A. (ed.). New Jersey: Prentice Hall, Englewood Cliffs. Revised (1942) Edition. (330–365).
WEISS, P. A. (1963): The cell as a unit. ICSU Review 5, 185–193.
WHORF, B. L. (1952): Collected Papers on Metalinguistics. Washington: Foreign Service Institute, Department of State.

STRESS UND SEELISCHE VERLETZUNG

WERNER PRITZ und MAX LEIBETSEDER

Es ist sicher nicht unsere Absicht, eine umfassende Einführung in die Streßforschung zu geben (Laux, 1983). Diese Arbeit soll einerseits die mehr theoretische Einführung zum Problemkreis Anlage – Umwelt (siehe Pritz, dieses Buch) konkret ergänzen, andererseits, der programmatischen Ausrichtung dieses Buches entsprechend, das Verständnis für das allgegenwärtige Risiko, seelische Verletzungen bei Mitmenschen zu setzen und selbst zu erfahren, fördern. Damit ist auch das Thema der Auslösung seelischer und körperlicher Probleme und Erkrankungen schlagwortartig angesprochen.

Das Konzept, das wir hier zu erarbeiten versuchen, beleuchtet die Problematik Mensch – Umwelt von einer sehr subjektlogischen Perspektive. Ausgehend von einem Konzept mitmenschlicher Begegnung, das im Artikel zum Anlage-Umwelt-Dilemma erarbeitet wurde (Pritz, in diesem Buch), versuchen wir zu einer Theorie seelischer Verletzungsdynamik zu gelangen, die das Problem seelischer Verletzung auf dem thematischen Hintergrund menschlicher Selbstverwirklichung (Selbstobjektivierung, Psychologie der Sehnsucht) abhandelt. Entsprechend dem Titel des Buches und im Hinblick auf seine Absicht, psychiatrische Aufklärung zu betreiben, gehen wir in einem Kapitel noch auf den Themenkreis menschlicher Selbstreparatur- und Abwehrmechanismen ein. Auch wenn dies auf den ersten Blick wie eine extreme Einengung der Streßproblematik anmutet, so ist jedoch unserer Meinung nach nur von einem so basalen psychobio-logischen Konzept, wie dem der Selbstobjektivierung her, ein integrativ-synthetischer Standort zu finden, der die verschiedenen Forschungsrichtungen berücksichtigen kann.

ZUR PROBLEMATIK DES BEGRIFFES STRESS

Das große wissenschaftliche Interesse an den vielfältigen Problemen, die sich hinter dem Konzept „Streß“ (Selye, 1936) verbergen, führte seit den fünfziger Jahren zu vielen, sehr unterschiedlichen Bedeutungen des Begriffes Streß (Horvath, 1959). Darüber hinaus sind viele Definitionen nur sehr vage (Burchfield, 1979), was sehr oft eine schlagwortartige Verwendung des Begriffes Streß bedingt. Nach Laux (1983) lassen sich die einzelnen begrifflichen Eingrenzungen folgendermaßen gruppieren:

1. Situationsbezogene Streßdefinitionen
2. Reaktionsspezifische Streßdefinitionen
3. Interaktionistische Definitionen (Kombination von 1 und 2)

ad 1

Alle situationsbezogenen Streßdefinitionen definieren Änderungen der gewohnten, erwarteten oder ersehnten inneren und äußeren Umwelt, die das Individuum in irgendeiner Form in seinen aktuellen Konzepten der Selbsterhaltung (physisch und psychisch), der Selbstkonstruktion und der Selbstverwirklichung (Selbstobjektivierung) bedrohen. In dieser Formulierung wird jedem sicher offenkundig, daß der Streßbegriff von Anfang an der Gefahr ausgesetzt war, bis zur operational unproduktiven Bedeutungslosigkeit zu degenerieren. Eine sinnvolle Einengung dieser streßproduzierenden Bedingungen und Ereignisse, sogenannter *Stressoren,* wurde auf verschiedene Weise versucht. Man geht davon aus, daß der Begriff Streß eine bedeutungs- und inhaltslose Abstraktion ist, wenn man die Zerstörungspotenz der Streßsituationen nicht mit der individuellen Reaktion des Organismus in Beziehung bringt (Rees, 1976).

(Nach Laux (1983) gibt es zwei Methoden der Präzisierung von Streßsituationen:

a) a priori-Klassifikationen: Hier setzt man Belastungssituationen hypothetisch fest und untersucht ihre psychophysiologischen Auswirkungen.

b) a posteriori-Klassifikationen: Hier setzt man die Testperson einer Fülle von Einzelereignissen aus und versucht diese nach Kriterien, wie neutral, physisch gefährdend, die Ich-Struktur in verschiedener Weise bedrohend usw., zu gruppieren.)

Es gibt eine Unmenge von solchen Einteilungen und Unterteilungen von Stressoren. Sehr umfassend, aber wenig detailliert ist die Klassifikation von Janke (1974):

1. Äußere Stressoren (wie Reizüberflutung, Reizentzug, reale und simulierte Gefahrensituationen usw.).
2. Reize, die zur Deprivation primärer Bedürfnisse führen (Entzug von Nahrung, Schlaf, Bewegung, um nur einige zu nennen).
3. Leistungsstressoren.
4. Soziale Stressoren (z. B. soziale Isolation, Verlust von Bezugspersonen).
5. Verschiedene andere kognitive und psychologische Belastungssituationen.

ad 2

Die reaktionsspezifischen Streßdefinitionen sehen den Streß und die Stressoren als nicht direkt beobachtbar und definierbar an, sondern schließen aus physiologischen Veränderungen und psychischen Verhaltensweisen, daß sich eine Person in einem Streßzustand befinden muß (Hormonänderungen, nonverbale Phänomene wie Schwitzen, Zittern usw. und subjektive Interpretationen und Wertungen; siehe Burchfield, 1979; Horvath, 1959).

ad 3

Interaktionistische Modelle der Streßproblematik: Diese konzentrieren sich auf das komplexe Wechselspiel zwischen Umweltsituation und verschiedenen psychologischen Grundphänomenen wie Erwartungshaltung, Verletzlichkeit, Bewertungen, persönliche Abwehrmechanismen usw. Als Beispiel für diese Denkweise wollen wir den Entwurf von Lazarus und Launier (1978) skizzieren. Die erwähnten Autoren halten ihre Lösungsversuche für prinzipiell auf die physiologische, psychologische und soziale Ebene anwendbar. Sie rücken die subjektive Bewertung von Problemsituationen in den Vordergrund.

Primäre Bewertungsprozesse:

Darunter verstehen Sie die Kategorisierung von Stressoren als Bedrohung (Vorwegnahme von Verletzungen), Schaden-Verlust (aktuelle Konfrontation mit Ereignissen) und Herausforderung (positiver Erlebniswert von Risiko- und Belastungssituationen; auf diese Problematik werden wir in einem kurzen Kapitel zum Thema affluente Gesellschaft und Streß gesondert eingehen).

Sekundäre Bewertungsprozesse:

Hier liegt das Augenmerk auf den Bewertungsprozessen, die den verschiedenen menschlichen Problembewältigungsmechanismen zugrunde liegen. Auf diese Thematik gehen wir unten, im Kapitel, das sich mit der menschlichen Fähigkeit der Problembewältigung befaßt, gesondert ein.

Neubewertungen:

Durch den Einsatz der im vorhergehenden Punkt angesprochenen Streß-Lösungs- und Bewältigungs-Versuche, die wir unten genauer diskutieren, kommt es meist zu einer Umwertung der Auslösesituation.

STRESS – EIN PROBLEM DER SUBJEKTIVEN INTERPRETATION

„In einer Streßsituation sind die wichtigen Momente nicht die objektiven Fakten, sondern die Einschätzung dieser Faktoren durch den Einzelnen" (Lindsay und Norman, 1981, S. 449).

Wie bereits oben kurz erwähnt, sind wir in dieser Arbeit in erster Linie an der subjektiven Seite der Streßproblematik interessiert. Aus der subjektiven Sicht stellt sich die Frage, wie für mich eine Situation, die einem Mitmenschen gleichgültig sein mag, zu einem persönlichen Problem wird und mit welchen persönlichen Strategien ich versuche, dieses Problem zu bewältigen. Wir müssen in diesem Zusammenhang die Breite des Streßbegriffes sinnvollerweise dahingehend einengen, daß wir davon abgehen, jede seelische und körperliche Belastung, die in den normalen Bereich menschlicher Forderung und Herausforderung fällt, als Streß von nervenärztlichem Interesse zu sehen.

Es ist dabei leider nicht möglich, einfach so vorzugehen, daß wir physiologische Umweltstressoren einfach streichen und soziale und intrapsychische Stressoren betonen. Es kann nämlich durchaus sein, daß z. B. die eigentliche seelische Verletzung einer Hungersituation, die den Menschen sogar an den Rand des Todes bringen mag, sich daraus ergibt, daß er sich als Mitmensch im Stich gelassen fühlt. Auch körperliche Extrembelastungssituationen können durchaus als Verkannt- oder Mißbraucht-Werden gedeutet werden. Vielmehr verwenden wir im folgenden Streß in dem Sinne, daß es sich dabei um Situationen handelt, die von einem Individuum in irgendeiner Form als seelische Verletzungssituation interpretiert werden.

Die Frage, ob der Mensch mit einer solchen seelischen Verletzungssituation fertig wird, oder ob diese bei ihm im Rahmen seiner Bewältigungsversuche zu massiveren seelischen und körperlichen Problemen führt, ist dabei von zweitrangiger Bedeutung. Im Alltag ist es eben so: was für die eine Person Streß bedeutet, ist für die andere nicht nur kein Problem, mit dem sie fertig werden muß, sondern vielleicht sogar ein angenehmer Aspekt der Selbstbestätigung oder Selbstdarstellung. In anderen Worten: In der allgemeinen Bedeutung des Wortes Streß ist natürlich jeder permanent in einer mehr oder weniger ausgeprägten körperlichen und seelischen Streßsituation. Aus nervenärztlicher Sicht ist nur interessant, ob eine Streßsituation für einen Menschen zu einer subjektiven Problemkonfiguration führt, die ihn prinzipiell körperlich oder seelisch krank machen kann. Unser Interesse richtet sich demnach in erster Linie darauf, ob eine seelische Verletzungssituation für den Menschen zu Leid wird; und zwar indem ihn seine Selbstreparaturversuche

a) in seiner Handlungsfreiheit einengen,
b) in seinen Lebensmöglichkeiten beschneiden oder
c) in psychische Einseitigkeit, Abnormität oder Krankheit treiben.

Der perspektivischen Vollständigkeit halber sei schon hier auf folgende Problematik hingewiesen:

Selbstverständlich kann für jeden Menschen auch die Erfahrung einer körperlichen oder seelischen Krankheit zu einem Streß werden, auf den er in irgendeiner Form ganz individuell reagieren muß (Lipowski, 1970). Eine Krankheit kann z. B. durch Verlust der Vitalität, durch den Verlust spezifischer Leistungsbereiche (z. B. bei Lähmungen) zu einer notwendigen Änderung der Lebensprogrammatik führen. Krankheit führt im Extremfall sehr häufig zur Problematik, keine Umwelt zu finden, die einen zu gebrauchen vermag. Weiters kann man im Mißgeschick seiner Krankheit auch von Mitmenschen mißbraucht werden, man kann in der Folge einer Behinderung durch die Mitmenschen in seinen Möglichkeiten verkannt werden, und man kann durch eine Krankheit von anderen Menschen dem Trauma der falschen Beherrschung ausgesetzt werden (siehe unten).

Selbstverständlich kann auch ein kranker Mensch für seine Bezugsperson zu einem großen Streß werden und über verschiedenste Umwege ungewollt zu seelischen Verletzungssituationen führen (z. B. in einer ehelichen Partnerschaft, in der Wechselbeziehung zwischen Kindern und Eltern oder in der Beziehung von Geschwistern zueinander).

OFFENE GESELLSCHAFT UND STRESS

In diesem Abschnitt wollen wir Sie zuerst kurz mit psychosomatischen Forschungen von Lipowski (1973 und 1971) konfrontieren. Lipowski befaßt sich in diesem Zusammenhang mit Streßproblemen, die sich aus den besonderen Vorteilen der offenen (affluenten) Gesellschaft, wie wir sie im Westen vorfinden, ergeben. Die Gedanken mögen an Aktualität etwas verloren haben, da mittlerweile mit dem Konjunktureinbruch und der Identitätskrise des Westens ein Situationswandel in der Form eingetreten ist, daß durch Probleme der Arbeitslosigkeit und Verlust der optimistischen Zukunftsperspektiven seelische Verletzungen des Nicht-Gebraucht-Werdens vor allem bei der Jugend zu dominieren beginnen.

Die Bedeutung der Überlegungen Lipowskis für die Streßforschung ergibt sich aus der Kombination von westlichen Gesellschaftsmerkmalen mit psychosomatischen Reaktionen. Seine im folgenden angeführten Argumente lassen sich mühelos unmittelbar voneinander ableiten:

1. Herausragendes Kennzeichen unserer technologischen, sozial und kulturell offenen Überflußgesellschaft ist (war?) ein Überangebot an attraktiven (verlockenden) Reizen und Lebensperspektiven. Das heißt, es steht dem einzelnen Menschen scheinbar unabhängig von seinem Geschlecht und seiner Herkunft das ganze Karussell an möglichen westlichen Lebenspraktiken zur freien Auswahl. Dies wurde zumindest als eine entsprechende Kulturtheorie vertreten und propagiert. Es wird dabei der Anschein erweckt, als stünde dem Menschen im privaten und im beruflichen Bereich, im Bereich leiblicher Sehnsüchte, im Bereich politischen Engagements usw. jedwede Möglichkeit zur Selbstverwirklichung offen. Unseres Erachtens ist eine zusätzliche Problematik damit verbunden, daß diese Ansicht faktisch für alle Lebensalter vertreten wird. Dieses Überangebot an erstrebenswerten, attraktiven Zielen ist deshalb so belastend, weil der Mensch genau dafür offenbar keine angeborenen Selbstverteidigungsmechanismen

besitzt. Gegen Konsumationsverführungen auf allen Bedürfnisebenen sind wir nur mit sehr indirekten Abwehrmöglichkeiten versehen.

2. Aus dem Überschuß an attraktiven Zielen kommt es bei Menschen zu seelischen Konflikten, die vor allem bei mangelnden Wertvorgaben durch eine entsprechende soziokulturelle Einbettung zu Entscheidungs- und Auswahlnotständen führen. Man spricht dann von einem Konflikt vom Typ der „Annäherung – Annäherung", das heißt, zwei positive Bewertungen stehen einander ungeordnet, gleich verlockend gegenüber. Die Schwere des Konfliktes ist dabei durch die Anzahl attraktiver Ziele, durch die absolute Strenge, mit denen diese Ziele soziokulturell propagiert werden, und durch die unmittelbare Nähe dieser Lebensverwirklichungs-Perspektiven bestimmt.

3. Eine solche Streßsituation ist körperlich durch Momente der Erregbarkeits- und Wachheitssteigerung belastend und trägt auch den Keim zur seelischen Entscheidungsunsicherheit in sich. Wenn das ganze Problem ein bestimmtes Ausmaß erreicht hat, wird die Situation nicht mehr als angenehm, sondern als seelische Spannung und Frustration erlebt.

4. Eine derartige Streßsituation führt letztlich zu sehr problematischen Strategien ihrer Bewältigung. Solche sind im einzelnen: selektive und generalisierte Versuche, sich durch Unempfänglichkeit oder Vermeidung attraktiven Lebensperspektiven zu entziehen; diese enden allerdings häufig in Interesselosigkeit, Passivität und Kapitulation. Ein weiterer problematischer Lösungsversuch verbirgt sich häufig hinter wahlloser und oft chaotischer Konsumationssteigerung.

5. Jugendliche sind durch diese Streßform besonders gefährdet.

In diesem Zusammenhang ist es für ein erweitertes Verständnis des angesprochenen Problems sicher interessant, noch eine weniger soziologisch und mehr systemtheoretisch orientierte Überlegung zum Konzept der Entfremdung (Alienation) anzufügen (Geyer, 1978; Manderscheid, 1981). Das ganze Problem ist am besten mit einer Feststellung von Harries (1978, S. 349) abgesteckt: Seiner Meinung nach muß die Analyse des Entfremdungsrisikos in einer komplexen Gesellschaft mittels eines lebenden Systemparadigmas, das auf folgenden drei analytischen Rastern beruht, erfolgen:
(a) Dem basalen menschlichen Handlungspotential, (b) den spezifischen Charakteristika der informativ interessanten Aussagen in der Umwelt und (c) der informationsbearbeitenden Kompetenz

des Individuums (wozu auch die Fähigkeit zur Selbstbewußtmachung gehört). Der kulturelle Komplexitätsstreß wird dabei dadurch erzeugt, daß die Wahrnehmungs- und Handlungskapazitäten des Menschen prinzipiell eine Erweiterung erfahren, ohne daß gleichlaufend auch die Kapazitäten des Auswählen-Könnens und des Beurteilen-Könnens vermehrt würden.
In etwas anderen Worten sieht Geyer (1978) das Wesen der Entfremdung (Alienation) in einer Störung der Interaktion zwischen Individuum und der modernen offenen Gesellschaft. Von einem informationellen Streß spricht er insoferne, als er das Charakteristikum dieser Störung in einer Überlastung der individuellen menschlichen Informationsbearbeitungs- und -erarbeitungskapazitäten sieht. Der Streß besteht also darin, daß die Komplexität prinzipiell möglicher und erlaubter Interaktionen zwischen dem Einzelmenschen und seiner sozio-kulturellen Umwelt unkontrolliert zunimmt. Dies führt zu folgenden Varianten der Entfremdung: Problem der Hilflosigkeit, Problem der Bedeutungslosigkeit, Problem der Normenlosigkeit, Problem der sozialen Isolation und Problem der Selbstentfremdung.
Ausgehend von Alvin Tofflers Zukunftsschock-Theorie, diagnostiziert er die Problematik folgendermaßen: Die oben geschilderte Zunahme der Komplexität zwischen Mensch und Umwelt liegt vor allem in der Zunahme des Wissens und in der rasenden Erweiterung der von Menschen gemachten, technologischen Umwelt begründet. Der Mensch wird dabei im Übermaß mit den Dimensionen der Neuheit, der Verschiedenartigkeit und der Fremdheit konfrontiert. Auf der Ebene der subjektiven Erfahrung manifestiert sich diese Problematik in mehrfacher Weise: (1) auf der Dingebene als Wegwerfgesellschaft, (2) im Zusammenhang mit örtlichen Bezügen als notwendige neue Nomadengesellschaft, (3) auf der Ebene interpersoneller Beziehungen als funktionell perfektere, persönlich nicht greifbarere Mitmensch („modular man"), (4) auf der Ebene der Organisationen als letztlich zukunftslose ad hoc-Gesellschaft und (5) auf der Ebene der Information als kinetisches Tohuwabohu.
Aus dem vorher Gesagten ergibt sich, daß es durch die Vorherrschaft von Phänomenen des Überganges zu Problemen der persönlichen Kontinuität und Identität kommt. Die Dominanz der Dimension der Neuheit führt die normalen Lernprozesse ad absurdum und die Übergewichtigkeit von innerem Verschiedenheitsreichtum in Kultur und Technik zu einem nicht mehr

beherrschbaren Problem der „Über-Wahlmöglichkeit" (overchoice-problems). Das Resultat all dieser geschilderten Vorgänge ist für Toffler der „Zukunftsschock", der auf dem Wege der Überforderung durch umweltbedingte Überstimulation zu physiologischem und psychologischem Streß führt.

DAS MENSCHLICHE PROBLEM-BEWÄLTIGUNGS-REPERTOIRE

So wie der Mensch in seiner rein leiblichen Bedrohung mit einer Fülle von Selbstreparaturmechanismen ausgestattet ist (z. B. Immunsystem, Wundheilung und andere mehr), so ist er auch von seiner Konstruktion her im seelischen Bereich mit einem noch größeren Repertoire von Selbstreparaturmechanismen versehen. In der psychologischen Terminologie werden diese Selbstreparaturmechanismen unterschiedlich benannt: Abwehrmechanismen, Copingstile und Problembewältigungsstrategien. Diese Selbstverteidigungsstrategien sind im Prinzip angeboren, variieren jedoch von Individuum zu Individuum, von Kultur zu Kultur und je nach spezifischer Erziehungssituation beträchtlich. Auch die Art der seelischen Verletzung bedingt mit, welche Strategie vorrangig zum Einsatz kommt.

Wir wollen Sie hier nur auf die Fülle dieser Kategorien von seelischen Operationen, die Ihnen ja von Ihrem Alltag her alle bekannt sind, aufmerksam machen. Gleichzeitig möchten wir aber darauf hinweisen, daß viele dieser Strategien nicht „ideal" sind vom Blickwinkel menschlicher Selbstverwirklichung her. Die meisten psychiatrischen Probleme oder Probleme im Zusammenleben ergeben sich nämlich aus der einseitigen oder forcierten Anwendung solcher Strategien. Auch ein Großteil möglicher neurotischer Eigenschaften besteht in der quantitativen oder qualitativen Inadäquatheit solcher Copingmechanismen.

Wie oben angekündigt, beginnen wir mit einer detaillierten Schilderung der sekundären Bewertungsprozesse und damit des Spektrums menschlicher Abwehrfähigkeit und Selbstreparaturfähigkeit nach Lazarus und Launier (1978). Diese entwerfen folgendes Schema:

1. Es muß logisch entschieden werden, ob ein Reparaturmechanismus am Individuum selbst oder an der Umwelt (mitmenschliches Du, sonstige lebendige Welt oder tote Welt) ansetzen soll.

2. Es muß überprüft werden, ob Aspekte der Vergangenheit, der Gegenwart oder der Zukunft zu bewältigen sind. Danach richtet sich nämlich das thematische Merkmal aus. D. h., ich entscheide, ob ich etwas Vergangenes zu bewältigen habe, ob ich mit der Gegenwart umgehen lernen muß oder ob ich mich vor einer zukünftigen Erwartung vorsorglich schützen soll.

3. Die Form der Bewältigung kann prinzipiell so vor sich gehen, daß ich nach Handlungsmitteln suche, die das Problem direkt angehen und die Quelle der Verletzung und deren Folgen nach Möglichkeit total reparieren. Es kann sich aber auch um eine Bewältigungsstrategie handeln, die reaktiv versucht, meine Gefühle seelischer Verletzung zu mildern oder auf sonstige Weise emotional zu regulieren.

4. Die Autoren glauben weiter, daß man alle Problem- und damit auch Streßbewältigungs-Mechanismen in vier grundlegende Strategien einteilen kann:

a) Strategien, die versuchen, über neue Informationen das Problem, wenn schon nicht zu beseitigen, so doch zu relativieren usw.

b) Bei Konflikten mit Normen werden vor allem Strategien der Handlungsunterlassung bevorzugt.

c) Strategien, die direkte Handlungen setzen, die auf die Unterbindung der verschiedenen Mechanismen der Problemerzeugung ausgerichtet sind.

d) Strategien in Form intrapsychischer Bewältigungsmechanismen, die im weitesten Sinne des Wortes und in verschiedener Perfektion psychische Selbsttherapie leisten können.

Leider hat die Psychologie, wie in allen Bereichen, auch im Zusammenhang mit den Coping-Stilen keine einheitliche Klassifikation anzubieten („Coping" vom engl. to cope = mit etwas fertig werden, mit einer Sache, einem Problem, zurechtkommen). Um Sie mit dem Alltag der Coping-Stile etwas vertrauter zu machen, greifen wir zuerst auf eine Zusammenstellung der Abwehrmechanismen des Ich in der Freudschen Psychologie zurück (Ruch und Zimborda, 1974):

Emotionale Isolierung:

Dabei vermeidet man durch Rückzug in Passivität traumatische Erlebnisse.

Identifikation:

Hiebei erhöht man das Selbstwertgefühl, indem man auf der Ebene der Vorstellung in eine kommunikative Einheit mit einer Person oder Institution/Ideologie tritt.

Introjektion:
Durch Einverleibung äußerer Werte und Standardbegriffe in die Ich-Struktur entlastet sich das Individuum von außen erlebten Drohungen.
Kompensation:
Eine Schwäche wird verhüllt, indem man einen erwünschten Charakterzug betont und damit die Frustration auf dem einen Gebiet durch übermäßige Befriedigung auf einem anderen zu kompensieren versucht. Bei der *Projektion* kommt es zu einer Übertragung der Mißbilligung eigener Unzulänglichkeiten und unmoralischer Wünsche auf andere Personen. Die *Rationalisierung und Isolierung* sind weitere Abwehrmechanismen. *Regression* auf frühere Entwicklungsstufen und verschiedenste Reaktionsbildungen, um sich vor der Umwelt zu schützen, gehören ebenfalls hierher. Durch Sühneverlangen werden unmoralische Wünsche und Verhandlungen *ungeschehen gemacht.* Durch *Verdrängung und Verleugnung* ist es möglich, problembeladene Impulse und Wünsche sowie die Wirklichkeit ganz generell abzublocken. Beim Prozeß der Verschiebung wälzt man seine feindseligen Gefühle auf Objekte ab, die subjektiv als gefahrlos oder gefahrloser erlebt werden. Bei der *Sublimierung* (Ersatzhandlung) und in der *Phantasie* erfüllt man sich Wünsche, welche persönliche Mißbilligung erfahren müßten.
Mehr vom Empirischen her teilt der Streßverarbeitungs-Fragebogen von Janke et al. (1978) mögliche menschliche Abwehrmechanismen ein. Hier werden die Dimensionen der Bagatellisierung, des Vermeidungs- und Fluchtverhaltens, der Selbstbeschuldigung, der Aggression nach außen, der gedanklichen Weiterbeschäftigung, der Selbstbemitleidung, der Resignation, der sozialen Abkapselung, der Ersatzbefriedigung, der Ablenkung, der Projektion, der Intellektualisierung, der Selbstaufwertung, der Tendenz zur Selbsttherapie mit Pharmaka und Genußmittel, des Bedürfnisses nach Aussprache und des Ausdrucks von Problemen in körperlichen Symptomen untersucht.
Aus der Sicht der nervenärztlichen Praxis muß man natürlich auch Aggressionsmechanismen, Schuldgefühle, Wahnbildungen, zwanghaftes Verhalten (Kontrollzwänge und ähnliches), zwanghafte Befürchtungen (Phobien), hysteriforme Mechanismen (Versuch, durch dramatische Überzeichnung auf nonverbalem Gebiet mitmenschliche Beziehungsprobleme zu lösen) und Veränderungen der Wahrnehmungsfähigkeit in diesem Zusammenhang sehen.

Krankheit und kognitive Copingstile

Jedes Erleben einer Krankheit und einer Verletzung, gleichgültig ob körperlich oder seelisch, bedeutet ja in gewisser Hinsicht eine Streßsituation. Es gibt eine Reihe von Arbeiten, die sich mit dem Problem der Milderung des aus Krankheit erwachsenen Stresses befassen. Ein ganz allgemeines und schwer zu deutendes Ergebnis dieser Forschungen ist folgendes: Die Krankheit bedeutet ja nicht nur Streß für den unmittelbar Betroffenen, sondern auch für seine Bezugspersonen. Nach Hamera und Shontz (1978) wird eine Krankheit umso negativer erfahren, je größer die persönliche Distanz von diesem Krankheitsgeschehen ist. Das heißt, der Betroffene selbst erlebt sie noch am ehesten positiv, für sehr nahe Angehörige gilt dies nur mehr mit Einschränkungen, und für weiter entfernte Bezugspersonen ist Krankheit meist ein ausschließlich negatives Ereignis. Die Autoren meinen, daß dieses Ergebnis nur über die unterschiedliche Notwendigkeit, dem Krankheitsgeschehen gegenüber Abwehrmechanismen einzusetzen, zu verstehen ist.

Lipowski (1970) erwähnt folgende mögliche Abwehrmechanismen gegenüber einer Krankheit:

1. Kognitiv: Minimierungstechniken, mit denen man eine Krankheit zu ignorieren, zu leugnen, ihre persönliche Signifikanz zu rationalisieren und die Konsequenzen zu verdrängen versucht. Außerdem Stile der besonderen Aufmerksamkeitszuwendung dem Krankheitsgeschehen gegenüber. Hierher gehörende Modalitäten kann man vor allem bei sehr zwanghaften, sehr ängstlichen und zur Intellektualisierung neigenden Personen beobachten.
2. Mehr unmittelbar verhaltensorientierte Abwehrtechniken, wie aktives Auseinandersetzen mit der Krankheit, Kapitulieren vor der Krankheit und Vermeiden aller Erfahrungen, die einen an die Krankheit und an deren Folgen erinnern.

In einer sehr klinisch-praktischen Weise betont Lipowski, daß in diesem Zusammenhang der Mensch die Krankheit in folgender Weise erfahren kann: als Feind, als Bestrafung, als Herausforderung, als Schwäche, als Erleichterung in einer schwierigen Lebenssituation; Krankheit kann aber auch als Strategie für persönliche Bedürfnisse eingesetzt, als Wert angesehen oder als irreparabler Verlust und als nicht mehr gut zu machende Störung wahrgenommen werden.

ZUM WESEN SEELISCHER VERLETZUNG

Aus dem bisher Gesagten geht hoffentlich klar hervor, daß aus psycho- und sozialhygienischer Sicht Streßsituationen nur insoferne von Bedeutung sind, als sie zu einem subjektiven seelischen Trauma, daß heißt, zu einer individuellen seelischen Verletzung werden. Die Problem- und Krisenhaftigkeit einer Streßsituation hängt nicht so sehr von der Art der traumatischen Situation als solcher ab, sondern wird vielmehr durch die innere Bedeutung, die diese Situation für das Individuum hat, bestimmt. Eine Theorie seelischer Verletzung muß deshalb immer die Frage nach dem Wesen des Menschen im Auge behalten (Brüll, 1969). Vielleicht sind Theorien seelischer Verletzung auch gerade deshalb so stark weltanschaulichem Mißbrauch oder weltanschaulicher Kritik ausgesetzt.

Aus diesem Bewußtsein heraus haben wir im Laufe der letzten Jahre versucht, ein sehr basales Schema seelischer Verletzungen zu entwickeln, das weltanschaulich nur beschränkt provokativ ist und das alle seelischen Verletzungsformen der Alltagspraxis eindeutig erfassen kann. In der Diskussion stellen wir das Wesen mitmenschlicher Begegnung in den Mittelpunkt (siehe Pritz in diesem Buch). Das Feld seelischer Verletzungen ist im Bereich menschlicher Selbstverwirklichung (Selbstobjektivierung, Psychologie der Sehnsucht) zu suchen. Kulturelles und mitmenschliches Fehlverhalten im Hinblick auf die menschliche Selbstkonstruktion, also im Hinblick auf seine Menschwerdung, möchten wir nicht mit dem Ausdruck seelische Verletzungen bagatellisieren, sondern mit dem angemesseneren Begriff „seelische Verstümmelung“ etikettieren.

Im Rahmen der subjektiven Bedeutungsgebungen, die dem Wesen seelischer Verletzungen zugrunde liegen, können Verletzungen durch folgende Quellen bedingt sein: Durch ein Du in Form einer konkreten Person, durch ein Du in Form von Kleingruppen und durch ein Du in der Gestalt von Weltanschauungen (Ideologien, Religionen und anderen Schöpfern von Menschenbildern, psychologische und medizinische Schulen eingeschlossen). Man kann sicher auch durch das Gottesbild, das man sich gemacht hat, seelisch verletzt werden. So absurd es klingt, ist man auch selbst eine häufige Quelle seiner eigenen seelischer Verletzung. Durch sogenannte neurotische Verhaltens- und Sichtweisen kann man sich *selbst durch sich selbst* in seelische Verletzungssituationen hineinmanövrieren bzw. bestehende seelische Verletzungssituationen in ihrer Verletzungspotenz steigern.

Selbstverwirklichung, Selbstobjektivierung und Sehnsucht

Wir sind gezwungen, die folgenden Gedanken in einer schriftstellerischen Art vorzubringen, was nicht heißt, daß das Thema wissenschaftlich unantastbar wäre. Es heißt allerdings, daß die normale Psychologie wenig zum Thema vorzubringen hat, die Weltliteratur dafür aber umso mehr. Die drei Begriffe, die in der Überschrift verwendet wurden, sehen wir in unserem Zusammenhang als mehr oder weniger austauschbar an; alle drei betonen verschiedene Facetten des gleichen Grundphänomens.

Da wir trótz emsiger Suche keine brauchbaren Definitionen dieser drei Begriffe finden konnten, fühlen wir uns frei für einen eigenen Beschreibungsversuch. Auch wenn wir unser Anliegen in überhaupt keine Worte kleiden könnten, so sind wir trotzdem der Überzeugung, daß Sie und wir „wortlos“ wissen, was Sehnsucht ist.

Offenbar ist es dem Menschen nicht gegeben, sich normalerweise in der Isolierung und Einsamkeit seiner subjektiven Existenz werten und bewerten zu können. Es ist ihm ganz offenbar auch nicht angeboren, sich im stillen Kämmerlein vor dem Spiegel seiner körperlichen Schönheit, seiner leiblichen Möglichkeiten, seiner handwerklichen Fertigkeiten, seiner kreativen Fähigkeiten, seiner mitmenschlichen Talente, seiner intellektuellen Qualitäten, seines Reichtums an Gefühlswelten und seiner Berufung zu Weitsicht und Einsicht *nur als Möglichkeit* erfreuen zu können. Wir sind bis zur Qual dem vitalen Hunger ausgesetzt, die Möglichkeiten in Form konkreter mitmenschlicher Beziehungen zur Wirklichkeit, das heißt, objektiv werden zu lassen. Sehnsucht ist immer das Verlangen nach Wirklichkeit in einem Bereich menschlicher Daseinsthematik. Selbstverwirklichung heißt, sich auf die Suche nach einem Du zu machen, das bereit ist, in einen gemeinsamen Prozeß der Sozialarbeit und Selbstdarstellung einzutreten.

Von Foerster (1973) bringt auch den Begriff der Freiheit in dieses Thema ein. Er gibt die Parole aus „Wirklichkeit“ = Gemeinschaft (Reality = Community): Mitmenschlichkeit ist die wahre Identitätsrelation des Menschen, sie ist der Bezugspunkt, auf den sich Ich und Du gleichermaßen beziehen sollten. Sicher ist es dem Menschen möglich, dieses Identitätsprinzip, wie so viele andere

Prinzipien auch, zu verwerfen und zu ignorieren. Trifft er die Wahl gegen dieses Identitätsprinzip, dann wird er selbst zum Zentrum des Universums, dann sind seine Träume und Alpträume seine Wirklichkeit, und seine Sprache wird zum Monolog, so wie seine Handlungs-Logik zur Mono-Logik wird.

Neben dieser solipsistischen Falle, die von Foerster hervorhebt, ist vielleicht noch erwähnenswert, daß allem Anschein nach das Problem der Wahnbildung, in dem so viele weltgeschichtliche und individualgeschichtliche Schrecken ihren Ursprung haben, mit der Psychologie der Selbstverwirklichung in Zusammenhang steht. Es ist sicher kein Zufall, daß das Wesen des Wahns darin besteht, sich in vollkommen individualisierter Weise „Wirklichkeit" zu schaffen. Vermutlich läßt sich dabei eine von Menschenhand erfahrene seelische Verletzung recht und schlecht in egozentrischer Weise reparieren.

Es ist sicher so, daß menschliche Selbstverwirklichung und menschliche Selbstkonstruktion im Leben parallel laufen. Auch wenn die Zeit der ausklingenden Pubertät einen besonderen Selbstverwirklichungsschub nach sich zieht, so laufen doch beide Prozesse von Geburt an mehr oder weniger parallel. Lichtenstein (1961) hat in seiner Theorie zur primären Identitätsthematisierung aus der ersten Mutter-Kind-Beziehung heraus beeindruckend aufgezeigt, wie in dieser ersten Beziehung Mutter-Kind – mit allen Risiken der seelischen Verletzung – in Form einer echten zwischenmenschlichen Begegnung menschliche Selbstverwirklichung gestartet wird (Mitterauer und Pritz, 1984). Infolge des Reichtums an Daseinsthemen, infolge der vielen Stile, sich soziokulturell gebrauchen zu lassen und den Mitmenschen zu gebrauchen und infolge der im Hinblick auf mögliche menschliche Freiheit ungeordneten Ausgangslage hat der Mensch zu Beginn seines Lebens nämlich ein Startproblem im Hinblick auf die Selbstverwirklichung. In dieser mütterlichen Berufung, menschliche Selbstverwirklichungsprozesse zu starten, liegt wohl auch ein besonderer Aspekt weiblicher Macht.

Wir wollen mit Nachdruck betonen, daß man das Schlagwort „seelische Verletzung" nie allgemein gebrauchen darf und denken kann, sondern daß sich eine Verletzung immer auf einen ganz konkreten spezifischen Daseinsthemenbereich bezieht. Wichtig in diesem Zusammenhang ist auch die nochmalige Feststellung, daß ich in einem Daseinsbereich, aus welchem Grund immer, verletzlicher sein kann als in einem anderen. Spezifische seelische Verletzlichkeit ist ein Wesensmerkmal individueller Unterschiedlichkeit. Darin ist auch ein Grund dafür zu suchen, warum es so schwer ist, spezifische sozialhygienische Parolen zu verbreiten, denn was dem einen Menschen Heilung und Befriedigung bedeuten kann, kann bei einem anderen Menschen Verletzung bewirken.

Formen seelischer Verletzung

Bevor wir auf die detaillierte Schilderung seelischer Verletzung eingehen, müssen wir zu Definitionszwecken einzelne Aspekte zum Wesen mitmenschlicher Begegnung, die in einer anderen Arbeit dieses Buch angeführt wurden (Pritz), wiederholen.

Zum Wesen mitmenschlicher Begegnung: Zwei subjektive Wesen können einander nur in der Form begegnen, daß sie in einer ungeheuren gemeinsamen Anstregung sich bemühen, gemeinsame Konzepte des Handelns (des Fühlens, des Verstehens, des Bewertens, des Denkens, des Wahrnehmens usw.) zu erarbeiten. In einem Wechselspiel von gegenseitiger Orientierung (Verführung, Vergewaltigung, Programmierung) wird nicht menschliches Alleinsein überwunden, sondern es wird Gemeinsamkeit gelebt in dem Sinne, daß ein gemeinsam geschaffenes Konzept (des Wollens, des Weltanschauens, des Bewertens) in zwei verschiedenen Gehirnen die Handlungsherrschaft antritt. Vereinigen, Verstehen usw. heißt in diesem Sinne, einander in Aspekten des Seelenlebens gleichzuwerden und gleichzusein. Mitmenschliche Begegnung ist also nicht mehr und nicht weniger als die Schöpfungsgeschichte einer gemeinsamen Logik, Lebensaspekte Wirklichkeit werden zu lassen.

Die technischen Mittel, die uns für diese zwischenmenschliche Aufgabe zur Verfügung stehen, sind in Form der sogenannten nonverbalen Kommunikationsmittel und unserer Sprachen im engeren Sinne gegeben. Formale mathematische Sprachen und erfundene Rituale können ebenfalls solche Kommunikationsmittel für spezifische Begegnungsbereiche sein. Uns kommt es hier nur darauf an zu erwähnen, daß wir in Form nonverbaler Sprachen, also der Sprachen des Anblickens, des Zuhörens, des Schmeckens, des Riechens, des Berührens usw. ein unvorstellbar reiches technisches Instrumentarium zur Verfügung haben, uns selbst und einander gegenseitig ständig zu bewerten, um nicht zu sagen, zu diagnostizieren, sowie die mitmenschlichen Begegnungen auf ihre Qualität und damit auch auf ihre Verletzungspotenz zu untersu-

chen und mitmenschliche Begegnung aktiv zu gestalten. Diese Sprache bedingt die Einheit der Menschheit. Diese Sprache kennt vielleicht Verstellung, aber keine originale Lüge, und diese Sprache ist keiner babylonischen Sprachverwirrung unterworfen (sie kann allerdings durch Krankheit oder medikamentöse Nebenwirkung verändert werden, sie kann kulturell in Form von darstellender Kunst, Mode, Maskenbräuchen, Pantomimik, Tanz, Musik, Eßkultur, Parfum und Berührungsritualen in unvorstellbarem Maße weiter ausgebaut werden).
Und nun zu den vier basalen Verletzungsformen, wie wir sie sehen:

(1)

Das Nicht-Gebraucht-Werden: Ich kann in einem bestimmten Daseinsthemenbereich kein Du finden, das mit mir in einen Selbstverwirklichungsprozeß eintritt. Beschränktheit von Partnern, Verantwortungslosigkeit von Eltern, Lehrern, Politikern und Priestern, Verweigerung von Arbeit und seelischem Lebensraum, Rassenwahn und Standesdünkel sind in ihrer Verletzungspotenz für diese seelische Verletzung wie auch für alle nachfolgenden seelischen Verletzungen zu überdenken. Natürlich können auch neurotische Selbstisolierung und Selbstverweigerung sowie Krankheit und sonstige Formen der Behinderung zu dieser seelischen Verletzungsform führen.

(2)

Das Mißbraucht-Werden: Hier ist ein Du vorhanden, das mich in einem bestimmten Daseinsthemenbereich kommunikativ braucht. Das „Miß“ ist dadurch gegeben, daß kein *gemeinsames* Handlungskonzept erarbeitet wird, sondern daß eine Person in ganz egoistischer, rücksichtsloser Interessenausrichtung den Gebraucht-Werden-Hunger der anderen Person im mildesten Falle fehlinterpretiert, im schlimmsten Falle bewußt und schamlos ausnützt. Wie die Sehnsüchte und Ideale von Menschen ökonomisch, sexuell, politisch, religiös usw. täglich mißbraucht werden, bedarf keiner eigenen Aufzählung.

(3)

Das Verkannt-Werden: Hier ist ein Du vorhanden, und dieses Du ist auch gewillt, ein gemeinsames Konzept der mitmenschlichen

Begegnung und der mitmenschlichen Selbstverwirklichung zu entwerfen. Die Verletzung liegt darin, daß ich in meinen Möglichkeiten nach oben oder unten verkannt werde, das heißt, daß ich überschätzt oder unterschätzt werde. Sicher ist dies eine Verletzung, die vor allem von Eltern und Lehrern, aber auch von Vorgesetzten und Ehepartnern leicht gesetzt wird.

(4)

Das Falsch-Beherrscht-Werden: Es gibt vielfältigen Hinweis, daß der Mensch, wenn er in eine kommunikative Beziehung eintritt, abschätzen kann, wer auf einen bestimmten Daseinsthemengebiet die natürliche Autorität und damit auch die primäre Verantwortlichkeit und Ehre besitzt. Es ist dem Menschen anscheinend gegeben, unabhängig und parallel zu seiner jeweiligen Erziehung, zumindest unbewußt, abschätzen zu können, ob er auf einem Daseinsthemengebiet von einem Mitmenschen ungerechtfertigterweise dominiert wird. Es spielt dabei keine Rolle, ob gleichzeitig auch noch ein Mißbrauch und Verkannt-Werden vorliegt oder ob die Begegnung aus anderer Sicht relativ ideal zu nennen wäre.
Es ist sehr schwer, diese seelische Verletzung zu erklären; auffällig ist aber, daß in der Geschichte der Menschheit alle Herrscher versuchten, sich zu entmenschlichen, indem sie sich zu Gott und Göttern erhoben haben oder indem sie sich zumindestens als von Gottes Gnaden eingesetzt betrachteten oder sich zu Übermenschen hochjubeln ließen. Es ist auch auffällig, daß in der Geschichte mit allen Mitteln nonverbaler Verstellung (Kleidung, Maske, Gold, Farbe, Wohlgerüche usw.) operiert wird. Vermutlich liegt die eigentliche Verletzung in der Entmachtung im Hinblick auf den Aufbau gemeinsamer Handlungskonzepte. Die Verletzung wiegt schwer, denn es hat den Anschein, daß das ganze Haß- und Revolutionspotential des Menschen in dieser Verletzung mitbegründet ist. (Man muß sich gleichzeitig allerdings auch die Frage nach der abnormen Gehorsamsfähigkeit des Menschen stellen). Die Anmaßung des Du führt bei dieser seelischen Verletzung zu einer schweren Einschränkung des Ich. Selbstverständlich wird sehr häufig gleichzeitig die seelische Verletzung des Mißbraucht- und des Falschbeherrscht-Werdens ablaufen; d. h. des Ausbeutens und des herabsetzenden Einschränkens.
Selbstverständlich ist das Verletzungspotential umso größer, je mächtiger die Position eines Menschen ist. Es wäre gut zu überle-

gen, daß die Macht des einen sehr häufig mit der Machtlosigkeit des anderen erkauft wird und daß es nicht von vornherein entschieden ist, wem die Macht eigentlich zukommt. Die Produktion von Übermenschen erzeugt gleichzeitig und lautlos immer auch Untermenschen. Auch die ganze Frage des Ehrgeizes und der seelischen Verletzungsschneisen, die dabei bei Mitmenschen geschlagen werden, gehört hierher.
Ein ganz besonders wichtiges Problem bei dieser vierten Form seelischer Verletzung ist das Generationsproblem. Denn vom Prinzip her ist es der vorhergehenden Generation in einem unvorstellbaren Ausmaß immer möglich, die nachfolgende falsch zu beherrschen bzw. durch falsche Auswahl derer, die Verantwortung tragen sollen, für die Zukunft die seelische Verletzung des Falsch-Beherrschens bis zur Katastrophe zu steigern. Dann ist mit Sicherheit das Gebet des alten Testaments angebracht, „Herr vergib uns die Sünden unserer Väter“.

NACHWORT

Offene Fragen, die wir nur erwähnen können, wären:
Wie unterscheiden sich akute, kurzdauernde, immer wiederkehrende und ständig vorhandene Streß- und Verletzungssituationen voneinander? Wie verändert der zeitliche Abstand die Auswirkungen einer seelischen Verletzungssituation? Provozieren spezifische Belastungssituationen spezifische Symptome und Abwehrstile? Wie hängen Streß und Depression zusammen? (Anisman und Zacharko, 1982).
Wir hoffen, Sie mit dieser Vielzahl an Perspektiven nicht verwirrt zu haben. Es gehört aber zum Wesen des Reichtums menschlichen Lebens, viele Perspektiven abwägen und Widersprüche aushalten zu müssen. Jede Vereinfachung dieser Situation führt zu einer Verzerrung der Wirklichkeit. Unsere eigentliche Absicht bestand auch nicht darin, Ihnen vollkommen geschlossene, unantastbare Denksysteme vorzustellen, sondern Sie in Ihrem eigenen Denken zu diesen Problemen zu bereichern.
Gibt es nun eine sozial-hygienische Konsequenz aus unserer Diskussion? Wir glauben, ja. Alle Arbeiten, die sich mit dem Problem befassen, betonen, daß das Angebot mitmenschlicher Wärme, mitmenschlicher Stützung und mitmenschlichen Interesses streßvermindernd und streßvermeidend ist (Aneshensel und Stone, 1982). Damit wird auch ohne Zweifel abnormes Verhalten im

Bereich des Körpers und der Seele verhütet. Je mehr sich eine Gemeinschaft bemüht, seelische Verletzungen im oben besprochenen Sinne zu verhindern, also je liebevoller sie ist, desto eher wird es ihr gelingen, kulturell reich und sozial problemlos zu sein. Somit ist z. B. die Frage der Depression nicht nur eine ärztliche, sondern in vielfältiger Hinsicht eine eminent politische Frage.

LITERATUR

ANESHENSEL, C. S. und STONE, J. D. (1982): Stress and Depression. Arch. Gen. Psychiatry 39, 1392–1396.

ANISMAN, H. und ZACHARKO, R. M. (1982): Depression: The predisposing influence of Stress. Behav. Brain Sciences 5, 89–137. (Mit Kommentar verschiedenster Autoren).

BRÜLL, F. (1969): Trauma-theoretical considerations. Israel Ann. Psychiat. Rel. Disciplines.

BURCHFIELD, S. R. (1979): The stress response: A new perspective. Psychosom. Medicine 41, 661(672.

FOERSTER, H. VON (1973): On constructing a reality. In Evironmental Design Research Vol. 2, 35–46; PREISER, F. E. (ed.). Stroudberg: Dowden, Hutchinson & Ross.

GEYER, F. (1978): Diminishing stress through environmental complexity reduction. In Proceedings of the 22nd Annual North American Meeting, Society for General Systems Research. (312–321).

HAMERA, E. K. und SHONTZ, F. C. (1978): Perceived positive and negative effects of life threatening illness. J. Psychosom. Res. 22, 419–42?.

HARRIES, T. E. (1978): Stress related system/environment interaction and the law of requisite variety. In Proceedings of the 22nd Annual North American Meeting, Society for General Systems Research. (349–359).

HORVATH, F. D. (1959): Psychological Stress. In General Systems (Yearbook) Vol. 4, 203–230. Ann Arbor: Society for General Systems Research.

JANKE, W. (1974): Psychologische Grundlagen des Verhaltens. In Medizinische Psychologie, KEREKJARTO, M. (ed.). Berlin: Springer.

JANKE, W.; ERDMANN, G. und BOUCSEIN, W. (1978): Der Streßverarbeitungsbogen. Ärztl. Praxis 30, 1208–1210.

LAUX, L. (1983): Psychologische Streßkonzeptionen. In Theorien und Formen der Motivation. Enzyklopädie der Psychologie. THOMAE, H. (Hrsg.). Göttingen: Verlag für Psychologie. (454–535).

LAZARUS, R. S. und LAUNIER, R. (1978): Stress related transactions between person and environment. In Perspectives in Interactional Psychology, PERVIN, L. A. and LEWIS, M. (eds.). New York: Plenum.

LICHTENSTEIN, H. (1961): Identity and sexuality. A study of their interrelationship in man. J. Am. Psychoanal. Ass 9, 179–260.

LINDSAY, P. H. und NORMAN, D. H. (1981): Einführung in die Psychologie. Dt. Übersetzung. Berlin, New York: Springer.

LIPOWSKI, Z. J. (1970): Physical illness, the individual and the coping process. Psychiatry in Medicine 1, 91–102.

LIPOWSKI, Z. J. (1971): Critique and comment: Surfeit of attractive information inputs: A hallmark of our environment. Behavioral Science 16, 467–471.
LIPOWSKI, Z. J. (1973): Affluence, information input and health. Soc. Sci. & Medicine 7, 517–529.
MANDERSCHEID, R. W. (1981): Stress and Coping: A biopsychosocial perspective on alienation. General Systems 26, 245–252.
MITTERAUER, B, und PRITZ, W. F. (1984): Selbstbewußtwerdung und Selbstaktualisierung: Handlungstheoretische Überlegungen. In Salzburger Jahrbuch für Philosophie XXVI. Salzburg: Pustet.
REES, L. (1976): Stress, Distress and Disease. Brit. J. Psychiatry 128, 3–18.
RUCH, F. L. und ZIMBARDO, P. G. (1974): Lehrbuch der Psychologie. Berlin: Springer.
SELYE, H. (1936): A syndrome produced by diverse nocous agents. Nature 138, 32.